Réveillez votre mémoire

Dans la même série :

Dominez les tests psychotechniques
Entraînez-vous aux nouveaux tests psychotechniques
Exercez-vous aux tests d'entreprises
Exercez-vous aux tests psychotechniques
Forgez-vous une mémoire d'éléphant
Musclez votre Q.I.
Réussir aux tests d'embauche

Chantal de Séréville

Réveillez votre mémoire

90 tests pour réactiver votre mémoire

Le Livre de Poche

ISBN : 978-2-253-08502-7

Sommaire

Introduction

Pourquoi entraîner sa mémoire ?

Nous savons tous l'importance que représente une bonne mémoire. La perte de mémoire suscite quelques inquiétudes chez beaucoup de personnes. Le mot « Alzheimer » est assez galvaudé aujourd'hui, on entend ce mot à tout bout de champ. Dès qu'on perd le fil d'une conversation, qu'on ne retrouve pas le nom de quelqu'un, le titre d'un film ou encore le code de sa carte bancaire, on se demande si on n'entre pas dans une phase préliminaire de la maladie ! La maladie d'Alzheimer est devenue « une hantise ». À juste titre d'ailleurs, compte tenu de la quantité impressionnante de personnes atteintes par cette maladie après l'âge de 50 ans. Beaucoup se demandent si on peut faire la différence entre une perte de mémoire bénigne due à l'âge, ou à un début de cette maladie. La réponse est oui. Pour cela il faut consulter un médecin spécialiste. Aujourd'hui certains spécialistes, en quête de dépistage, procèdent au test des cinq mots de Dubois, qui donne des indications pour faire la distinction entre les deux.

Si vous avez quelques inquiétudes vous concernant, vous pouvez déjà faire ce petit test pour vérifier si vous avez besoin de consulter.

Test de Dubois

Il comprend six étapes :

Première partie

Lisez cette liste de cinq mots :

PIANO
PAPILLON
CASSEROLE
CAFÉ
MAIRIE

Tournez la page pour la deuxième partie.

Deuxième partie

Répondez aux questions suivantes :
Parmi les indices suivants, désignez quel mot représentait :

Le bâtiment....mairie
La boisson...café...
L'instrument de musique...piano
L'instrument de cuisine...casserole
L'insecte...papillon

Troisième partie

Écrivez ces cinq mots.

Quatrième partie

S'il y a des mots qui manquent, regardez la liste des indices de la deuxième partie pour essayer de les retrouver.

Cinquième partie

Répondez aux questions suivantes :
Combien font : **2 + 2 + 2 + 2 =** 8
Continuez cette série de chiffres :

2 - 4 - 6 - 8 -10 - 12

Additionnez vos deux résultats.
Combien cela fait-il ? 20......

Sixième partie

Inscrivez ci-dessous les cinq mots que vous avez retenus de la première partie :

mairie	café	piano
casserole	papillon	

S'il reste des mots que vous n'avez pas trouvés, il ne faut pas vous inquiéter : cela peut être dû à de la fatigue, à des angoisses, à un surmenage. Cependant, il serait bon de consulter un spécialiste afin qu'un diagnostic soit donné le plus tôt possible, vous permettant de vous orienter vers un traitement médicamenteux adapté ou une prise en charge par des orthophonistes, kinésithérapeutes, psychologues, etc. Le dépistage est important car il permet de savoir si les troubles de mémoire sont bénins et non spécifiques. Une prévention active de la maladie d'Alzheimer est donc plus que jamais possible aujourd'hui. Cela vaut la peine de se faire suivre par son médecin au moins une fois par an pour contrôler sa tension artérielle et faire le point sur ses facteurs de risques. Tous les spécialistes sont d'accord pour dire que pour prévenir la maladie, il faut entraîner son cerveau, trouver des activités cérébrales : jeux de société, jeux sur papier, lecture, regarder la télévision (mais pas trop longtemps), se tenir informé sans cesse. Par conséquent, il faut faire fonctionner ses neurones pour les maintenir en activité le plus longtemps possible. Nous avons aujourd'hui la preuve – grâce à une étude de l'université d'Harvard, intitulée « Améliorer sa mémoire » –, que le cerveau se comporte comme un muscle : plus vous le faites fonctionner, plus il devient et « reste fort ».

Ces études ont démontré que « les personnes engagées dans des activités intellectuellement stimulantes, ont moins de risque d'être exposées à la maladie d'Alzheimer », mais que cela n'est pas suffisant, il faut également rester actif, faire des exercices physiques. La marche, le sport, font aussi fonctionner les neurones. Des études montrent qu'on diminue le risque de démence de 20 % chez les personnes qui marchent une heure et demie par semaine, par rapport à celles qui marchent moins de 40 minutes par semaine.

S'il est « facile » de pratiquer des exercices physiques, en revanche exercer ses neurones est plus difficile et les résultats ne sont pas tout de suite perceptibles. L'entraînement proposé dans ce livre vous aidera à améliorer votre mémoire et votre capacité à réfléchir plus rapidement, et à mieux vous organiser dans l'entraînement de votre mémoire rapidement. Pour appréhender les exercices de ce livre il est bon de savoir ce qu'est la mémoire ! C'est la capacité à retenir, volontairement ou involontairement, des informations et à les stocker. Si certaines études démontrent aujourd'hui que les interventions cognitives peuvent augmenter le niveau de la mémoire et un « bien-être » général chez des personnes ayant un léger trouble cognitif, le docteur Bherer, grand spécialiste, recherche le moyen de maintenir et d'améliorer la vitalité cognitive au cours du vieillissement normal. Il s'intéresse aux changements obtenus par l'entraînement cognitif sur les mécanismes de contrôle de l'attention. Ces fonctions cognitives sont : la mémoire, le langage, la logique, la concentration et la capacité visuelle et spatiale. On sait donc que c'est par l'entraînement que l'on peut entretenir et développer sa mémoire. Il faudra améliorer sa concentration et son sens de l'observation, afin de mieux apprendre à la développer. C'est ce que nous nous efforcerons de faire dans ce livre. Il est divisé en trois chapitres. Le premier sous forme de tests « **Faire le point** » permettra d'évaluer vos forces et vos faiblesses dans chaque secteur, facilitant leur progression. Vous y trouverez un mélange de différentes questions-tests sur la mémoire, sous toutes ses formes : visuelle, sémantique, par association, ou logique. Ces tests sont à faire sans limitation de temps, mais en général on peut prendre une minute pour s'imprégner de la question, et plus pour y répondre. Ensuite, en chapitre deux, vous trouverez la phase entraînement « **S'entraîner** » sous forme de quatre tests de huit questions, pour vous faire progresser dans les secteurs où vous êtes le plus faible. Puis, enfin, en chapitre trois, vous passerez le test de contrôle en 30 questions « **Vérifier ses progrès** », regroupant en vrac tous les secteurs de la mémoire, et qui, d'un niveau plus élevé que les autres, vous permettra de voir si vous avez progressé, en comparant les résultats avec ceux du premier test. Les exercices de ce livre peuvent être faits à la suite et (ou) sur plusieurs jours. Si vous sentez une lassitude ou de la fatigue, interrompez-vous et reprenez plus tard. Ils ont été conçus de façon ludique afin d'y trouver un certain amusement, le désintérêt étant l'ennemi principal de la mémoire. Vous pouvez refaire les tests de ce livre plusieurs fois, en laissant toutefois un laps de temps d'au moins trois à quatre semaines entre chaque lecture. Vous pourrez ainsi vérifier à nouveau vos progrès, car plus vous ferez d'exercices de ce type, plus vous stimulerez votre cerveau. C'est un peu comme si vous mettiez de l'huile dans les rouages de votre mémoire.

Chapitre 1

Test :

Faire le point

QUESTION N° 1A

Mémorisez ces quatre enfants puis passez à la page suivante.

QUESTION N° 1B

Lequel parmi ces quatre enfants ne figurait pas en page précédente ?

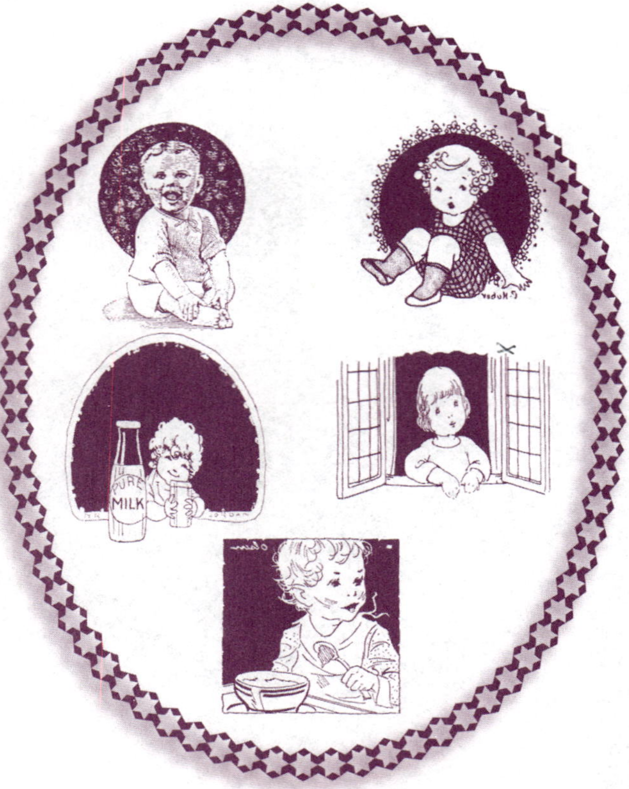

QUESTION N° 2A

Lisez et mémorisez cette recette de petits sablés. Regardez bien les ingrédients, le temps de cuisson, enregistrez tout ce que vous pouvez comme information, puis passez à la page suivante.

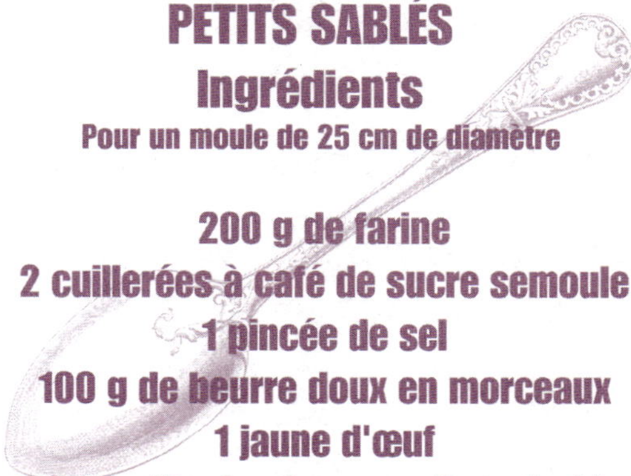

PETITS SABLÉS

Ingrédients

Pour un moule de 25 cm de diamètre

200 g de farine
2 cuillerées à café de sucre semoule
1 pincée de sel
100 g de beurre doux en morceaux
1 jaune d'œuf
2 à 3 cuillerées à soupe d'eau froide.

Dans un bol, travailler la farine, le sucre et le sel ensemble. Incorporer le beurre en émiettant les ingrédients. Ajouter le jaune d'œuf et 2 cuillerées à soupe d'eau. Pétrir jusqu'à ce que la pâte se décolle des doigts (si elle est trop sèche, ajouter un peu d'eau). Sur une feuille de papier sulfurisé, abaisser la pâte. Envelopper et laisser reposer au moins 1 heure au réfrigérateur pour bien raffermir la pâte.

QUESTION N° 2B

Répondez aux questions :

PETITS SABLÉS
Ingrédients
Pour un moule de 25 cm de diamêtre

Inscrivez ici la liste des ingrédients :

farine 200 gr
sucre 100 2 cuillères
sel 1 p
1 oeufs jaune
beurre 100 gr
eau

Combien de temps faut-il laisser reposer la pâte dans le réfrigérateur ? 1 h
Faut-il monter le blanc d'œuf en neige ? non

QUESTION N° 3A

Mémorisez bien cette liste de nombres, puis passez à la page suivante.

2 - 22 - 51 - 62 - 91 - 138 - 176 - 196 - 297

QUESTION N°3B

Essayez de reporter sur cette grille le plus possible de nombres qui se trouvaient en page précédente, et, idéalement, dans le bon ordre.

QUESTION N° 4A

Mémorisez bien les prénoms de ces trois couples puis allez à la page suivante.

Bertrand

Amélie

Nicolas

Marguerite

Hector

Germaine

QUESTION N° 4B

Inscrivez sous chaque portrait son prénom.

QUESTION N° 5A

Regardez bien ces trois groupes de dés, leur valeur, leur différence, puis passez à la page suivante.

QUESTION N° 5B

Un dé a changé de valeur, lequel ?

QUESTION N° 6A

Regardez attentivement cette série de nombres. Tâchez de trouver une façon de les retenir en trouvant des moyens mnémotechniques, puis passez à la page suivante.

11	12	13	14
22	33	44	55
33	45	57	69

QUESTION N° 6B

Remplissez les cercles vides par les nombres qui y figuraient en page précédente.

Les pions du bas représentent le total des deux situés au-dessus ou une progression de 12 en 12.

QUESTION N° 7A

Lisez attentivement cette citation de Sacha Guitry, puis passez à la page suivante.

Je n'ai vraiment l'impression que je suis libre

que lorsque je suis enfermé.

Lorsque je fais tourner la clef ce n'est pas moi

qui suis bouclé

ce sont les autres que j'enferme.

QUESTION N° 7B

Dans la liste de mots ci-dessous cochez ceux qui figuraient dans le texte de Sacha Guitry.

impression

liberté

enfermé

quand

serrure

clef

particulièrement

porte

QUESTION N° 8A

Mémorisez bien les cartes puis passez à la page suivante.

QUESTION N° 8B

Une seule parmi ces cartes figurait en page précédente : laquelle ?

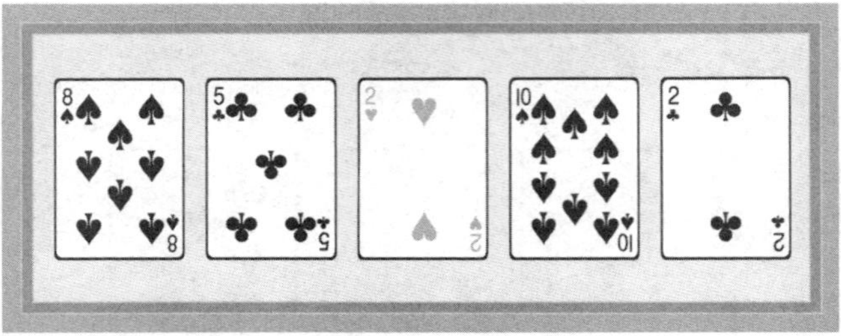

QUESTION N° 9A

Mémorisez bien ces verres de vin, leur numérotation, puis passez à la page suivante.

1 2 3 4 5

QUESTION N° 9B

Réattribuez à chaque verre sa numérotation d'origine.

QUESTION N° 10A

Le ballon de Miguel est juste entre celui de Kate et de Lianne, le ballon de Lianne est plus à droite et un peu plus bas que celui de Kate, mais n'est pas à côté.
Inscrivez sous chaque ballon le nom de son propriétaire, puis passez à la page suivante.

QUESTION N° 10B

Si les ballons venaient dans cet ordre :
celui de Kate, puis de Miguel, puis de Lianne, et enfin celui de Johnny.
Redonnez à chaque ballon le nom de son propriétaire.

QUESTION N° 11A

Mémorisez les mots placés dans l'étoile, puis passez à la page suivante.

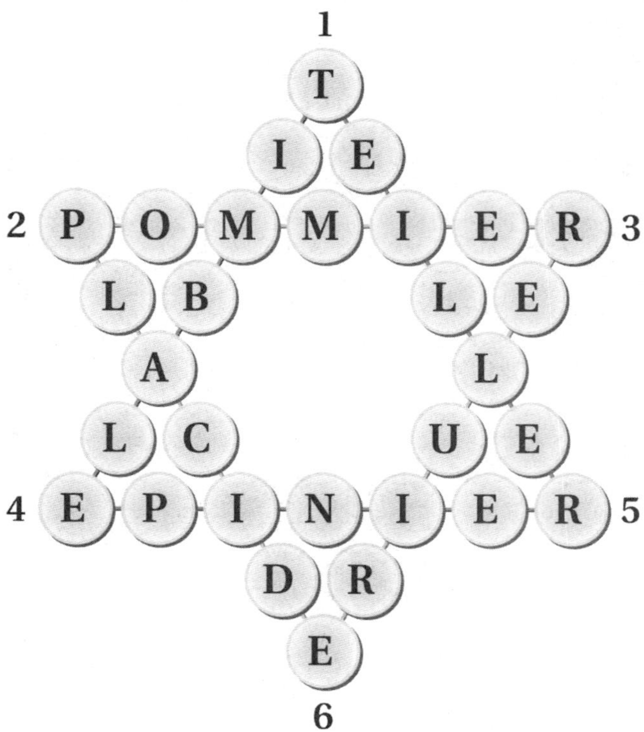

QUESTION N° 11B

Inscrivez le mot qui manque dans l'étoile.

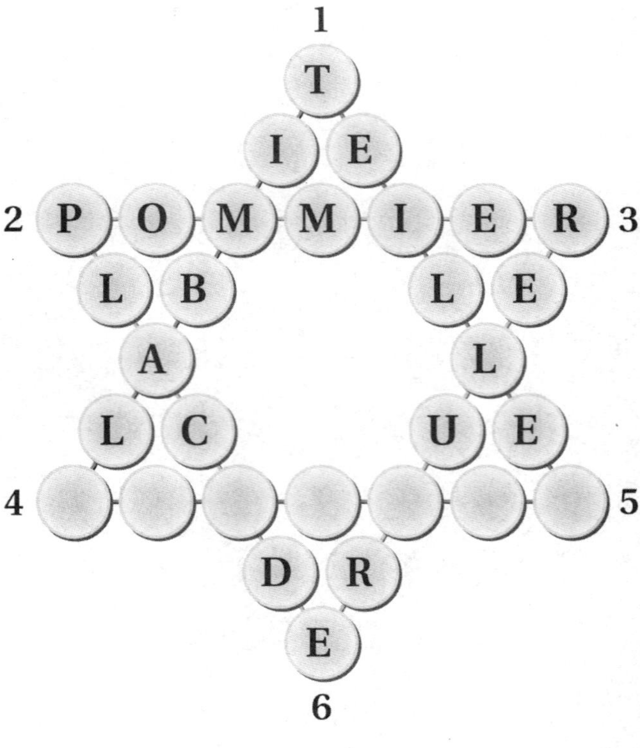

QUESTION N° 12A

Regardez attentivement ces silhouettes, leur position, leur situation, puis passez à la page suivante.

QUESTION N° 12B

Une silhouette ne figurait pas précédemment, laquelle ?
Une silhouette a changé d'orientation, laquelle ?
Entourez-les.

QUESTION N° 13A

Regardez attentivement ces mains, leur direction, s'il s'agit d'une main droite ou gauche, puis passez à la page suivante.

QUESTION N° 13B

Entourez la main qui ne figurait pas en page précédente.

QUESTION N° 14A

C'est l'anniversaire de maman, dont le prénom est Ariane. Julie et moi-même, Naomie, sommes à côté de notre père Arnold. Julie ma petite sœur est dos à la fenêtre et moi, sa sœur aînée, je suis blonde. Maman s'est faite belle, et la table des jours de fête a été dressée par ma sœur et moi. Le petit tableau, situé à côté de la fenêtre, représente le portrait de notre grand frère Mickael, qui est parti à l'armée. Il a 16 ans, et nous sommes tous très inquiets. Après le délicieux poulet et la purée de marrons, on va prendre de la tarte au chocolat. Comme à chaque anniversaire, on met une part de côté pour Mickael, même si on sait qu'il ne viendra pas la chercher. Mais elle est là, et le lendemain, comme par hasard, notre petite voisine Sylvia viendra la déguster à 4 heures.

QUESTION N° 14B

Inscrivez dans les cases en face de chaque membre de la famille son prénom ainsi que celui de la petite voisine. Quel est le prénom du narrateur ?

La petite voisine

Qui raconte ?

QUESTION N° 15A

Mémorisez bien ces tapis, leurs dessins, puis passez à la page suivante.

QUESTION N° 15B

Quel est le tapis qui ne figurait pas en page précédente ? Entourez le chiffre qui correspond au nouveau tapis.

1

2

3

4

QUESTION N° 16A

Regardez attentivement les dessins géométriques ci-dessous, puis passez à la page suivante.

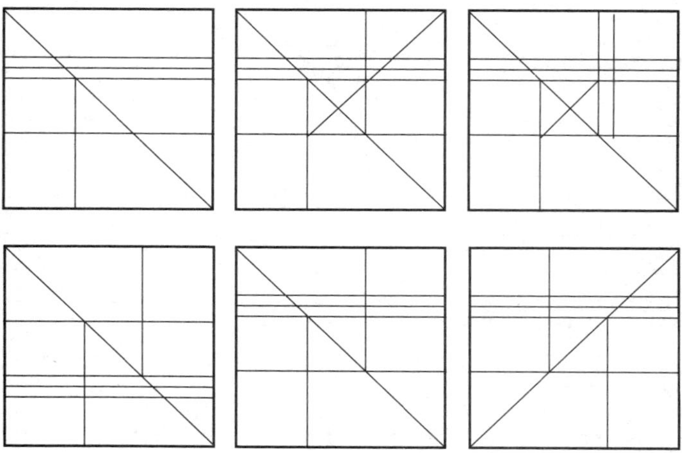

QUESTION N° 16B

Quel est le seul dessin géométrique qui figurait en page précédente ?

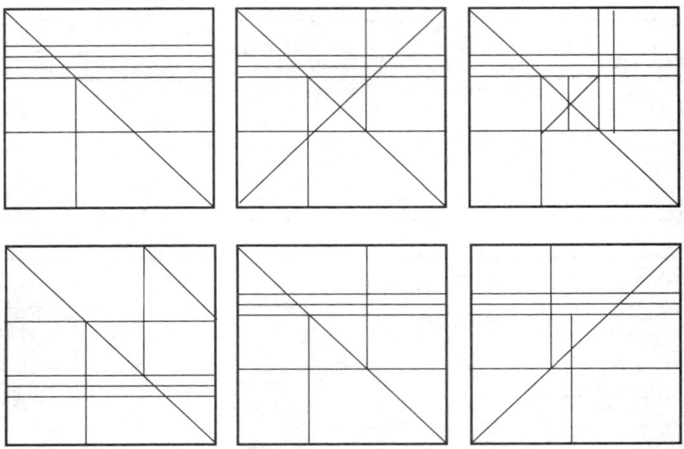

QUESTION N° 17A

Découvrez le mot de huit lettres, dans chacun des cercles ci-dessous. Puis passez à la page suivante.

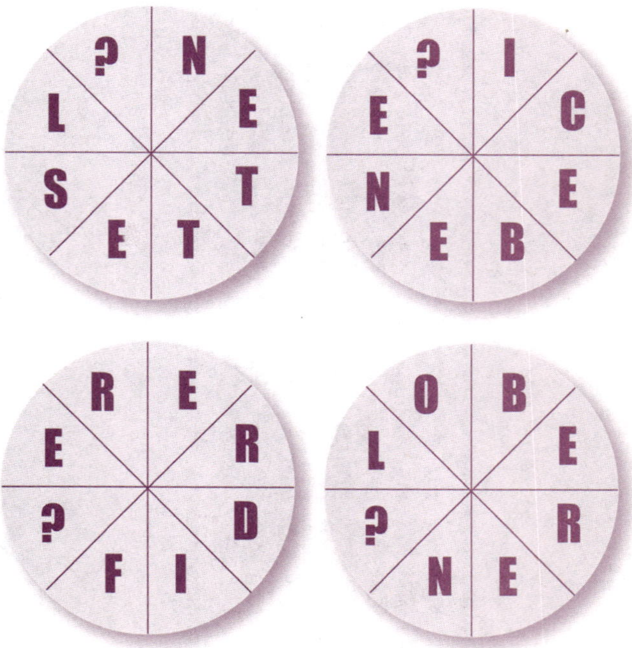

QUESTION N° 17B

Soulignez dans la liste ci-dessous les mots qui figuraient en page précédente.

DEMEURER
DESSERTE
BÉNÉFICE
LONGUEUR
DIFFÉRER
TONDEUSE
MONSIEUR
LUNETTES
RÉSULTAT
ENGLOBER
ENGOBAGE
ENFERMER

QUESTION N° 18A

Regardez attentivement ces mains, leur direction, trouvez un moyen mnémotechnique pour les mémoriser, puis passez à la page suivante.

QUESTION N° 18B

Une main a changé, laquelle ? Entourez-la.

QUESTION N° 19A

Mémorisez bien ces quatre scènes, puis passez à la page suivante.

QUESTION N° 19B

Entourez la scène qui ne figurait pas en page précédente.

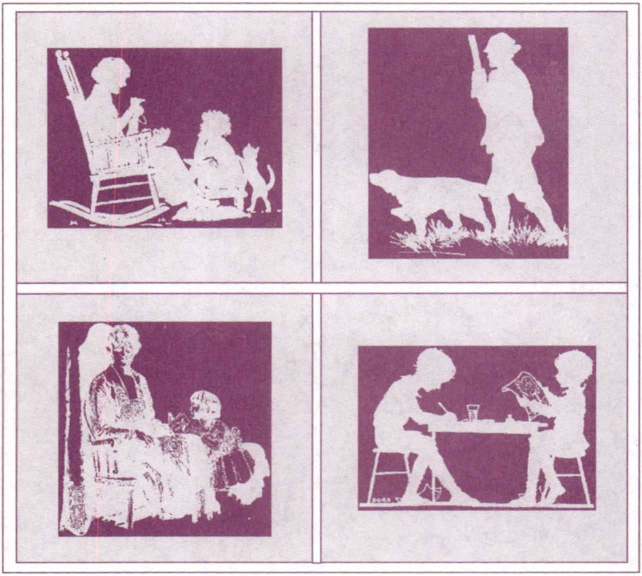

QUESTION N° 20A

Mémorisez cette grille de chiffres de 1 à 9, puis passez à la page suivante.

3	1	9
5	2	8
4	7	6

QUESTION N° 20B

Inscrivez dans la grille les chiffres tels qu'ils y étaient en page précédente.

1 2 3 4 5 6 7 8 9

QUESTION N° 21A

Regardez très attentivement la liste des mots ci-dessous, leurs caractéristiques, s'il y a une logique entre eux, puis passez à la page suivante.

L	O	U	P	E
C	A	L	E	R
V	E	R	S	E
L	A	C	E	R
P	O	U	L	E
R	E	V	E	S

QUESTION N° 21B

Inscrivez la liste d'anagrammes dans la grille, telle qu'elle figurait en page précédente.

CALER
LACER
REVES
VERSE
LOUPE
POULE

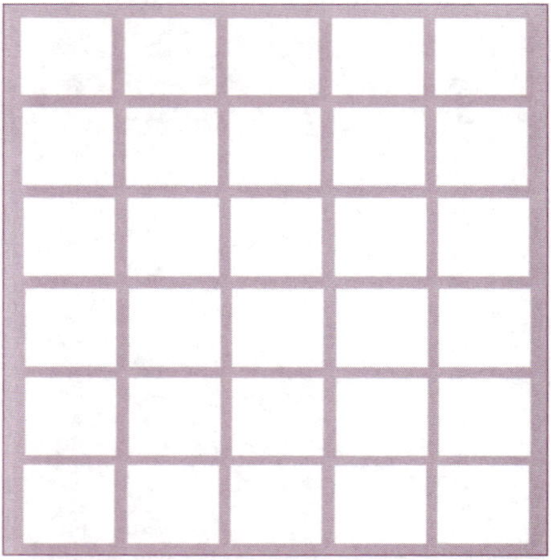

QUESTION N° 22A

Mémorisez les couronnes et le nom qui leur est attribué, puis passez à la page suivante.

QUESTION N° 22B

Replacez chaque prénom sous la couronne qui lui était attribuée.

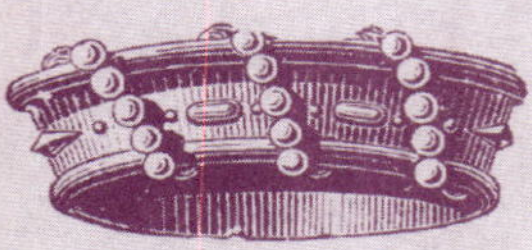

ANTOINETTE

DÉSIRÉE

ÉLISABETH

FRANÇOIS

LOUIS

NAPOLÉON

QUESTION N° 23A

Remplissez les espaces vides de ces expressions ou citations par une des propositions au-dessous entre parenthèses, puis passez à la page suivante.

Mon père ce héros au .... si doux.....

(regard, sourire)

Souvent femme ...., bien fol qui s'y fie...

(change, varie, ment)

Qui part à la chasse perd sa ....

(place, situation, femme)

À vaincre sans péril on triomphe sans ....

(passion, modestie, gloire)

Qui vole un œuf vole un ....

(bœuf, taureau, coq)

QUESTION N° 23B

Les mots qu'il fallait sélectionner sont :
sourire - varie - place - gloire - bœuf

Un seul mot ne figurait pas en page précédente, lequel ?

HÉROS
FEMME
FOU
VAINCRE
TRIOMPHE
ŒUF
VOLE
PÉRIL

QUESTION N° 24A

Retrouvez sur la carte les départements et régions ci-dessous en plaçant chaque numéro à la place qui lui convient.

1 **Picardie**

2 **Languedoc-Roussillon**

3 **Calvados**

4 **Vaucluse**

5 **Saône-et-Loire**

6 **Isère**

7 **Aquitaine**

8 **Normandie**

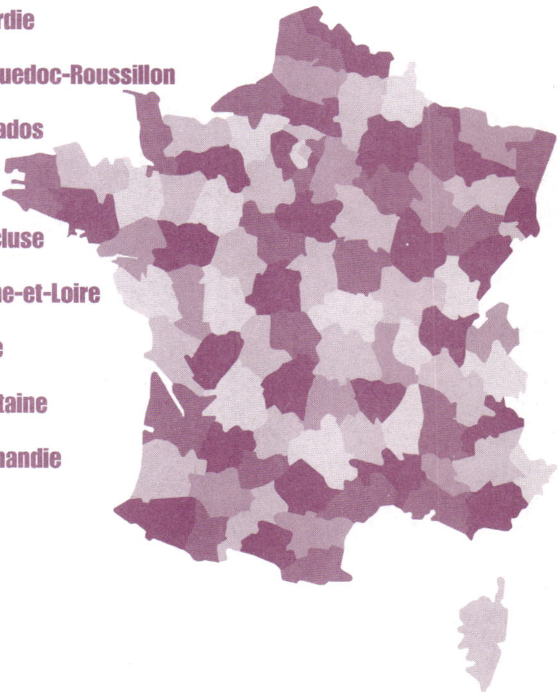

QUESTION N° 24B

Quels sont, dans la liste ci-dessous, les départements et régions qui n'étaient pas cités en page précédente ?

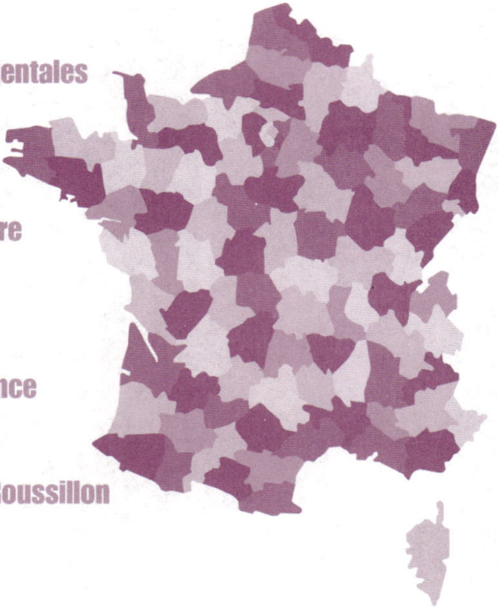

Var

Isère

Calvados

Pyrénées-Orientales

Corse

Moselle

Saône-et-Loire

Finistère

Picardie

Haute-Provence

Vaucluse

Languedoc-Roussillon

Aquitaine

Normandie

QUESTION N° 25A

Quel nombre doit logiquement figurer à la place du point d'interrogation ?

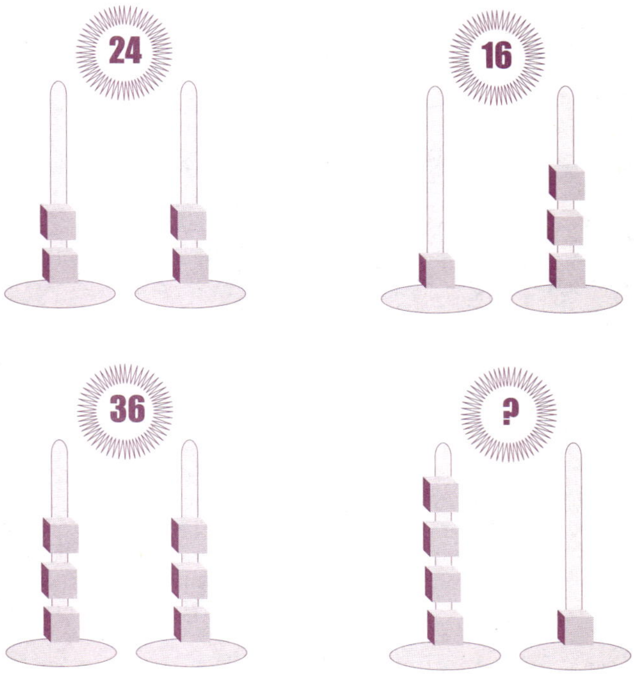

QUESTION N° 25B

Suivant le même principe qu'à la page précédente, quel nombre doit logiquement figurer à la place du point d'interrogation ?

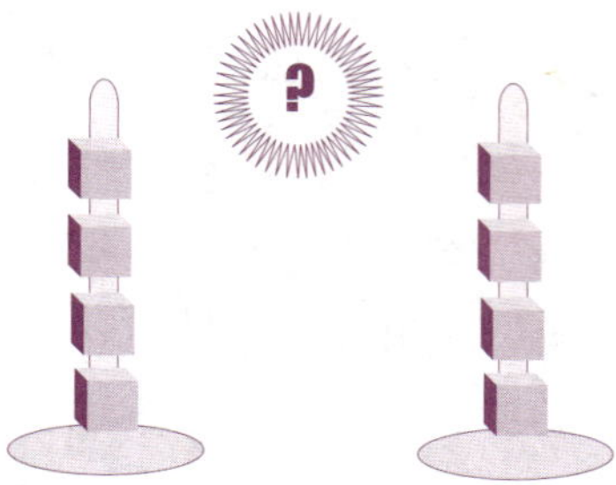

Réponse pour la page précédente : 42.
Réponse pour cette page : 48.
Le chiffre de gauche représente le nombre de cubes sur la bougie de gauche.
Le chiffre de droite représente le nombre de cubes sur la bougie de droite, multiplié par deux.

QUESTION N° 26A

Mémorisez bien ce texte de Paul Claudel, puis passez à la page suivante.

Je n'attache absolument aucun prix à la valeur littéraire de mon œuvre... Charpentier, j'aurais mis la même conscience à bien raboter une planche que celle qu'en écrivant je mets à bien écrire.

QUESTION N° 26B

Dans la liste ci-dessous cinq mots sont extraits du texte de Claudel, et cinq sont des intrus. Soulignez les intrus.

Valeur
Littérature
Attache
Travail
Menuisier
Conscience
Poutre
Écrire
Prix
Véritablement

QUESTION N° 27A

Regardez attentivement cette série de dominos, s'il y a une logique dans leur répartition, puis passez à la page suivante.

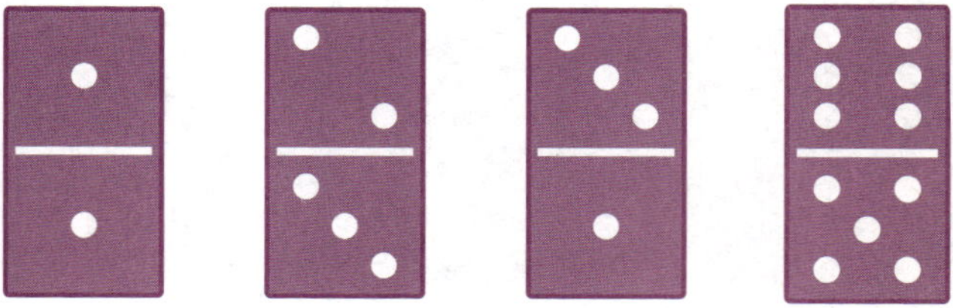

QUESTION N° 27B

Un domino a changé de sens, lequel ?

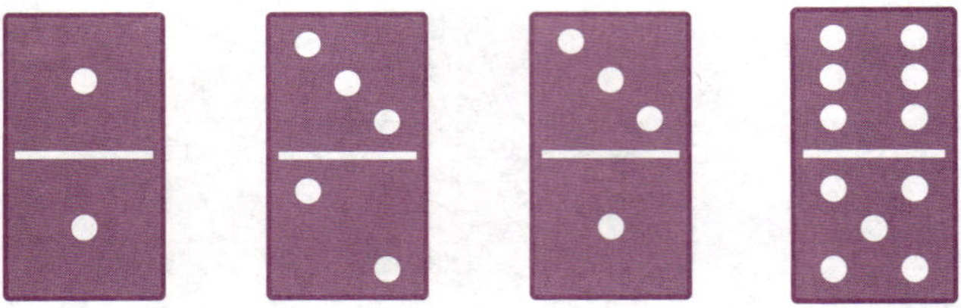

Le dernier domino à droite représente le total des points des demi-dominos situés à sa gauche.

QUESTION N° 28A

Mémorisez ces chiffres et la figure qui leur est attribuée, puis passez à la page suivante.

QUESTION N° 28B

Reliez d'un trait chaque chiffre à la figure qui lui était attribuée.

QUESTION N° 29A

Mémorisez cette grille de nombres tous différents. Ils répondent à une certaine logique, essayez de la trouver, puis passez à la page suivante.

4	3	12	24
2	7	14	28
3	9	27	54
5	6	30	60

QUESTION N° 29B

Inscrivez dans les cases vierges, les nombres qui y figuraient.

4	3	12	24
2			28
3			54
5	6	30	60

En lecture horizontale, le premier chiffre multiplié par le second donne le troisième qui lui-même est doublé.

QUESTION N° 30A

Mémorisez bien cet extrait de Stendhal *(Le Rouge et le Noir)*, puis passez à la page suivante.

Il attendait, impatient, derrière l'afficheur, qui, avec son gros pinceau, barbouillait le dos de l'affiche. A peine fut-elle en place, que la curiosité de Julien y vit l'annonce fort détaillée de la location aux enchères publiques de cette grande et vieille maison dont le nom revenait si souvent dans les conversations de M. de Rênal avec sa femme.

QUESTION N° 30B

Remplissez les espaces vides.

Il attendait, ----------, derrière l'afficheur, qui, avec son gros -------, barbouillait le dos de l'affiche. A peine fut-elle en ----, que la curiosité de -------- y vit l'annonce fort détaillée de la location aux -------- publiques de cette grande et vieille ------ dont le nom revenait si -------- dans les conversations de M. de Rênal avec sa -------.

Faire le point :
Résultats

RÉSULTATS

Comptez 5 points par réponse exacte pour chaque question posée. Faites le total de vos points pour l'ensemble du test, puis reportez-vous au tableau ci-contre.

De 10 à 155 points : NIVEAU FAIBLE

Votre mémoire n'est pas dans une forme éblouissante, soit parce que vous ne la faites pas assez fonctionner, soit parce que dans ce test il y a des formes de mémoire qui vous échappent totalement. Essayez avant d'entamer le chapitre suivant de refaire ce test et de trouver des moyens mnémotechniques pour vous faciliter la tâche. Il est clair que vous devez faire des exercices pour vous perfectionner.

De 160 à 285 points : BON NIVEAU

Votre mémoire se situe dans la bonne moyenne, probablement parce que vous la faites fonctionner régulièrement. Vous pourrez facilement passer au chapitre suivant afin de vous améliorer. Vous n'êtes pas forcément bon dans toutes les formes de mémoire, c'est le moment de vous connaître mieux, et de développer la forme de mémoire avec laquelle vous vous sentez le plus confortable.

Plus de 285 points : TRÈS BON NIVEAU

Bravo ! Vous avez réussi ce test qui n'était pas facile et couvrait différentes formes de mémoire. Votre mémoire fonctionne vraiment bien. Pour vous, il s'agit maintenant de l'entretenir en faisant tout de suite le chapitre suivant, qui vous permettra de découvrir dans quelle forme de mémoire vous excellez afin de la développer encore plus. Avec une attitude comme la vôtre, et en continuant dans cette bonne voie, vous devriez ne pas avoir trop d'inquiétudes sur le devenir de votre mémoire.

Chapitre 2

Test :

S'entraîner

Test 1

La mémoire visuelle

LA MÉMOIRE VISUELLE

SE CONCENTRER SUR UN MAXIMUM DE DÉTAILS

Il est conseillé d'observer très attentivement les objets, figures, images, illustrés dans chaque question, en répétant mentalement et plusieurs fois, le plus possible de détails, en cherchant un moyen mnémotechnique pour s'en souvenir, s'il n'y a pas d'autres moyens logiques – association, etc. Dans ces tests, il s'agit de mémoriser des visuels qui seront légèrement modifiés en page suivante : ils auront soit changé de place, soit subi un changement, ou on vous demande de les identifier alors qu'ils auront été mélangés parmi de nouveaux visuels. On peut aussi vous demander d'étudier un dessin très élaboré, puis de le retrouver parmi une série de dessins presque semblables.

QUESTION N° 1A

Mémorisez bien ces montgolfières, leur particularité, leur emplacement, leur numéro, puis passez à la page suivante.

QUESTION N° 1B

Quelle est la montgolfière qui a disparu ?
Inscrivez son numéro en bas dans la case vide.

Montgolfière n°

QUESTION N° 2A

Mémorisez bien ces paires de dés, leur valeur, leur disposition, puis passez à la page suivante.

QUESTION N° 2B

Une paire de dés n'a pas changé de valeur : laquelle ?

QUESTION N° 3A

Regardez attentivement ce dessin, reproduisez-le au-dessous, puis passez à la page suivante.

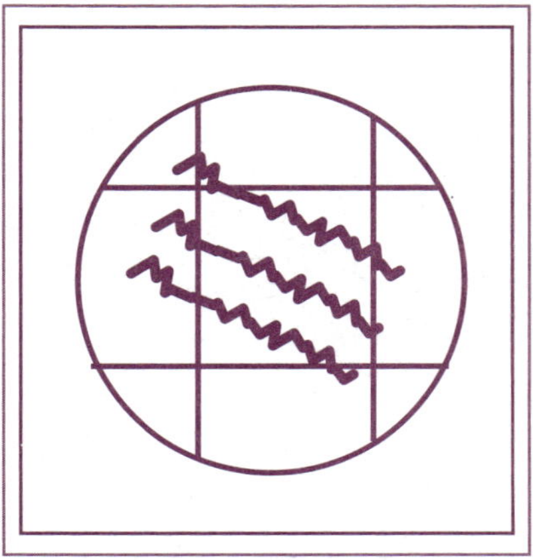

QUESTION N° 3B

Reproduisez le même dessin, exactement.

QUESTION N° 4A

Regardez bien cette photo d'une dame réalisant un kilt, mémorisez-la bien, repérez chaque détail puis passez à la page suivante.

QUESTION N° 4B

Quel est le bon négatif de la photo présentée en page précédente ?

A

B

C

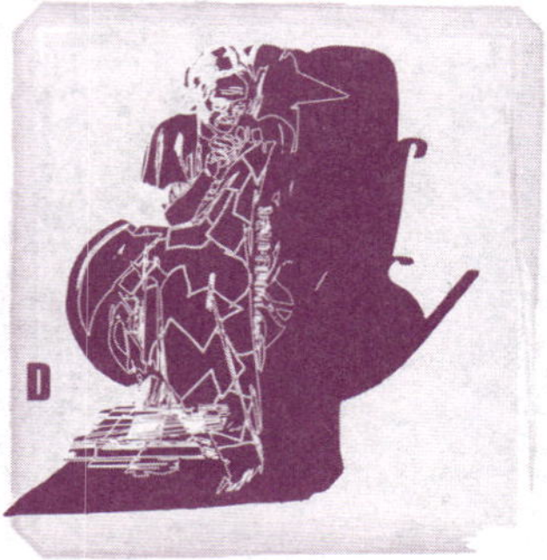

D

QUESTION N° 5A

Ces deux photos d'une ville photographiée le soir, et, dont l'une est le reflet de l'autre, ont trois différences, lesquelles ?

QUESTION N° 5B

Vérifiez avec les trois différences qui sont encerclées. Maintenant, entourez l'une des deux extrémités A ou B en bas de la ville qui, à votre avis, était celle qui figurait à gauche en page précédente.

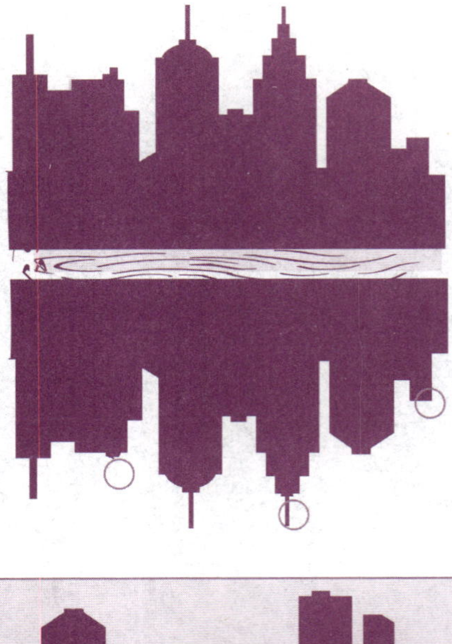

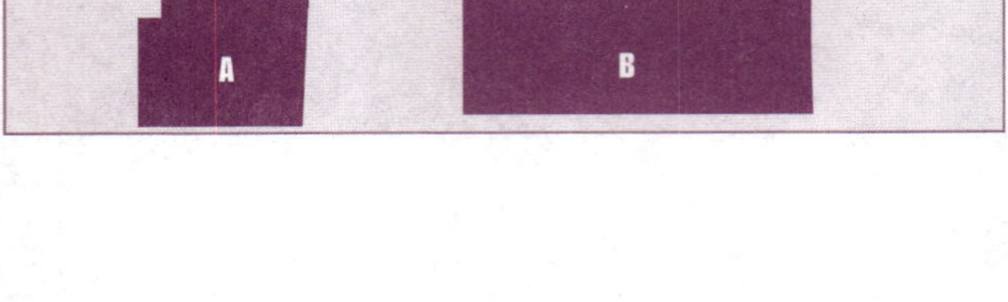

QUESTION N° 6A

Regardez attentivement ces symboles et leur emplacement dans la grille, puis passez à la page suivante.

QUESTION N° 6B

Replacez les symboles qui sont en bas de la grille à la place qu'ils occupaient en page précédente.

QUESTION N° 7A

Regardez attentivement ces tapis et leurs différents motifs, puis passez à la page suivante.

QUESTION N° 7B

Deux motifs ont été interchangés, lesquels ?

QUESTION N° 8A

Regardez attentivement ces six plaquettes, leurs symboles et leur emplacement. Cherchez celle qui a deux figures qui ne se trouvent dans aucune autre. Mémorisez-la, puis passez à la page suivante.

A

B

C

D

E

F

QUESTION N° 8B

Replacez les plaquettes dans l'ordre où elles se présentaient en page précédente, en écrivant leur lettre respective dans la case chiffrée qui lui était attribuée.

A B C D E F

Test 2

La mémoire sémantique

LA MÉMOIRE SÉMANTIQUE

Vous pouvez utiliser la force des images pour organiser et structurer les informations que vous devez stocker.

Se fabriquer des images mentales est utilisé depuis l'Antiquité. Descartes ayant décrété qu'il s'agissait de charlatanisme, cette technique est passée aux oubliettes. Pourtant, si on a des difficultés à se remémorer des images conceptuelles telles que la peur, l'oubli, la société, la psychologie… on constate le succès des images mentales pour retenir des mots. Les images sont retenues plus facilement parce qu'elles subissent ce qu'on appelle un double encodage, par l'imagination et le verbe. Par exemple, lorsque je vois un arbre, je le vois avec mes yeux, mais mentalement je sais aussi que c'est un arbre, donc je lui associe immédiatement le mot « arbre ». Le texte, la lecture sont encore le moyen le plus facile de se souvenir des mots. C'est un mode d'enregistrement que nous avons intégré dès l'enfance. Se souvenir de l'orthographe d'un mot est plus facile par la lecture que par la répétition orale. Les yeux peuvent revenir sur un mot difficile, jusqu'à ce qu'il soit intégré. L'image du mot devient notre alliée dans sa reproduction orthographique. Notre cerveau et la lecture sont ce qu'il y a de plus simple pour retenir un texte, ils retiennent ensemble et font l'association ensemble.

Faites aussi des associations de mots et d'images.

Associer des noms, des phrases, des mots à des événements est parfaitement normal. Vous avez constaté que souvent il suffit d'un mot, d'une histoire pour que se déclenche tout un processus de souvenirs emmagasinés à votre insu.

QUESTION N° 1A

Regardez attentivement ces deux listes de mots, ceux de la colonne de droite étant des anagrammes de celle de gauche. (Anagramme = mot différent avec les mêmes lettres.) Reliez chaque mot de gauche à son anagramme de droite, puis passez à la page suivante.

guérison	trimaran
opiniâtre	terminale
encourra	patinoire
souverain	surseoir
maîtresse	soigneur
sourires	estimeras
alimenter	s'évanouir
arrimant	rancœur

QUESTION N° 1B

Remplissez les cases vides avec les anagrammes des mots qui sont en face.

guérison	----------
opiniâtre	patinoire
encourra	----------
souverain	s'évanouir
maîtresse	----------
sourires	surseoir
alimenter	----------
arrimant	trimaran

QUESTION N° 2A

Lisez attentivement cette citation de Chateaubriand *(Mémoires d'outre-tombe)*, puis passez à la page suivante.

*Lorsque le temps était beau,
les pensionnaires du collège sortaient
le jeudi et le dimanche. On nous menait
souvent au Mont-Dol, au sommet
duquel se trouvaient quelques ruines
gallo-romaines [...]*

QUESTION N° 2B

Complétez les espaces vides du texte de Chateaubriand.

Lorsque le temps était beau,
les ----------- du collège sortaient
le ------ et le ---------. On nous --------
souvent au Mont-Dol, au --------
duquel se trouvaient quelques ruines
--------------- [...]

QUESTION N° 3A

En bas vous avez la liste des prénoms de tous ces animaux. Inscrivez-les sous chacun d'eux à partir des informations suivantes.
Victoria est sous Pietro qui lui-même est plus bas que Christos.
Tristan est juste à droite de Christos.
Octavia est située à gauche et au-dessus de Charlie.
Qui est Pietro ?

Charlie
Christos
Octavia
Pietro
Tristan
Victoria

QUESTION N° 3B

Reportez de mémoire, sous chaque animal le nom qui lui était attribué.

Charlie Christos Octavia Pietro Tristan Victoria

On avait en ordre : Christos, Tristan, Octavia, Pietro, Charlie et Victoria. Pietro est donc le papillon.

QUESTION N° 4A

Mémorisez cette grille de lettres, trouvez un moyen mnémotechnique de la retenir, puis passez à la page suivante.

E				
U	Q			
S	E	T		
O	H	C	I	
U	Q	N	O	D

QUESTION N° 4B

Reproduisez la grille telle qu'elle était en page précédente.

QUESTION N° 5A

Nos quatre amis ont chacun un verre et une bouteille. Mémorisez bien ces objets, le prénom de chaque propriétaire, etc., puis passez à la page suivante.

QUESTION N° 5B

Reliez chaque prénom à sa bouteille, chaque bouteille à son origine, et chaque verre à sa bouteille.

STEPHANIE CORALIE CHARLES VICTOR

VINAIGRE DE XÉRÈS

CIDRE

COURVOISIER

SAINT-ÉMILION

QUESTION N° 6A

Mémorisez cette liste de mots, s'il y a une logique entre eux, leur emplacement, puis passez à la page suivante.

M	A	G	I	E
A	V	O	I	R
D	O	R	E	R
A	N	G	L	E
M	E	R	L	U
E	R	R	E	R

QUESTION N° 6B

Inscrivez dans la grille la liste de mots, tels qu'ils y figuraient en page précédente.

ANGLE

AVOIR

DORER

ERRER

MAGIE

MERLU

QUESTION N° 7A

Lisez attentivement ces trois citations, puis passez à la page suivante.

J'ai reconnu mon bonheur au bruit qu'il a fait en partant.

Jacques Prévert

Il faut rire avant d'être heureux, de peur de mourir sans avoir ri.

Alberto Moravia

Passer pour un idiot aux yeux d'un imbécile est une volupté de fin gourmet.

Georges Courteline

QUESTION N° 7B

Rayez dans la liste ci-dessous les mots qui ne figuraient pas en page précédente.

IMBÉCILE
IDIOT
RIRE
BONHEUR
GOURMAND
BRUYANT
PEUR
HEUREUX
BANQUET
MOURIR
EFFROI

QUESTION N° 8A

Mémorisez bien cet extrait de Stendhal *(Le Rouge et le Noir)*, puis passez à la page suivante.

Il voyait avec étonnement que, pendant des heures entières, l'abbé Chas lui parlait des ornements possédés par la cathédrale. Elle avait dix-sept chasubles galonnées, outre les ornements de deuil. On espérait beaucoup que la vieille présidente de Rubempré ; cette dame, âgée de quatre-vingt-dix ans, conservait depuis soixante-dix au moins, ses robes de noce en superbes étoffes de Lyon, brochées d'or.

QUESTION N° 8B

Pendant combien de temps voyait-il que l'abbé lui parlait ?

De quoi lui parlait l'abbé Chas ?

Combien de chasubles y avait-il ?

De quelle ville venaient les étoffes ?

Les robes de noce de la présidente de Rubempré étaient conservées depuis combien d'années ?

Quel âge a-t-elle maintenant ?

Parlait-on d'une église, d'un presbytère ou d'une cathédrale ?

Test 3

La mémoire par association

LA MÉMOIRE PAR ASSOCIATION

FABRIQUEZ-VOUS DES STRATÉGIES D'ORGANISATION DES IMAGES.

Dans ces exercices, il faut trouver vos propres méthodes pour associer divers éléments qui, au départ, n'ont aucun lien évident. Il existe plusieurs formes d'associations, des associations sémantiques et phonétiques, comme « amour-toujours », ces mots forment une association phonétique connue, ils se terminent par « our », c'est ce son qui sera retenu. En revanche, si on veut associer poule et ferme, c'est une association logique. Une poule se trouve dans une ferme. C'est votre réflexion qui associe ces mots entre eux. L'association étant le lien qui rattache plusieurs éléments entre eux pour en extraire un point commun.

QUESTION N° 1A

Regardez l'association domino-chiffre, leur logique, puis passez à la page suivante.

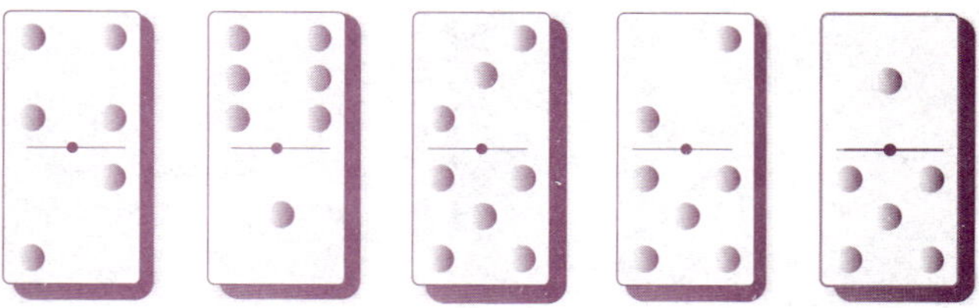

6 7 8 7 6

QUESTION N° 1B

Ce domino figurait-il en page précédente ?
Entourez le chiffre qui devrait logiquement lui être associé parmi les propositions ci-dessous.

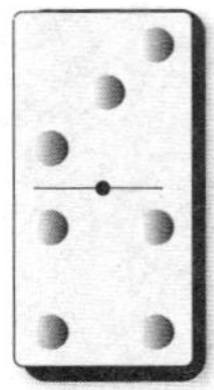

5 6 7 8 9

QUESTION N° 2A

Mémorisez les animaux ci-dessous, leurs empreintes et les objets qui leur sont attribués, puis passez à la page suivante.

QUESTION N° 2B

Replacez les animaux à leur place respective.

QUESTION N° 3A

Regardez bien ces associations chiffre-âge, puis passez à la page suivante.

SEPTUAGÉNAIRE

QUADRAGÉNAIRE

SEXAGÉNAIRE

QUESTION N° 3B

Inscrivez dans les cases ci-dessous l'ordre dans lequel apparaissaient ces figures.

QUADRAGÉNAIRE

SEXAGÉNAIRE

SEPTUAGÉNAIRE

QUESTION N° 4A

Regardez attentivement ces associations figure-chiffre, puis passez à la question ci-dessous.

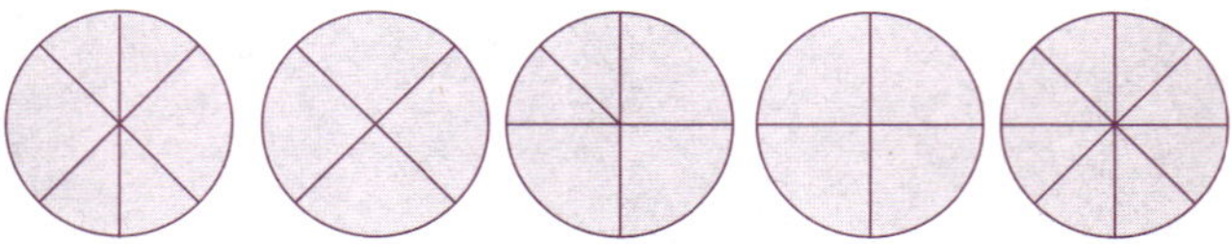

10 20 30 40 50

À partir des informations données ci-dessus, inscrivez dans les cases vierges les nombres qui correspondent aux figures, puis passez à la page suivante.

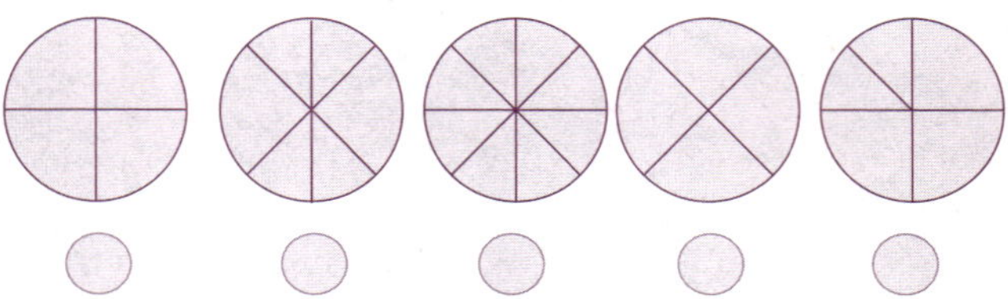

QUESTION N° 4B

Résolvez ces opérations et complétez les cercles vides.

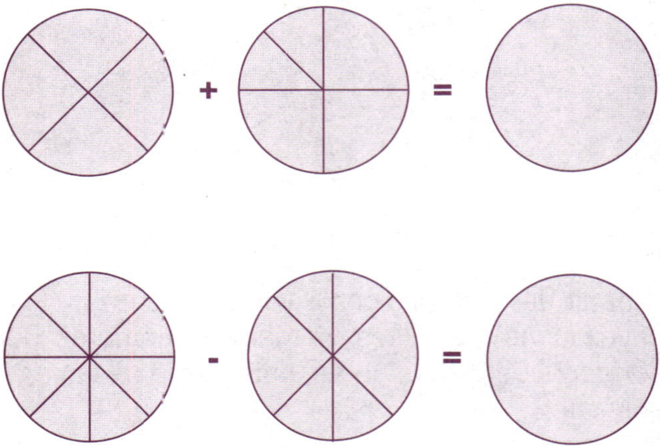

QUESTION N° 5A

Regardez attentivement l'emplacement de ces figures, le nombre qui leur est attribué, puis passez à la page suivante.

QUESTION N° 5B

Replacez, en les dessinant, les figures qui correspondaient à ces nombres.

100	3	10
1	5	6
4	1	30
41	50	14

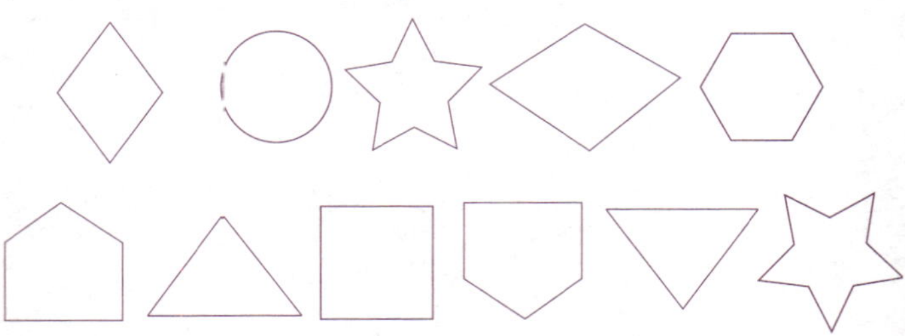

QUESTION N° 6A

Placez sur la carte les initiales de ces couples sur leur ville respective. Mémorisez bien chaque couple et le lieu où il habite, puis passez à la page suivante.

Sophie est parisienne **Julie est cannoise**
Bernard est toulousain **Raphaël est bordelais**

Antoine est niçois **Valentino est strasbourgeois**
Géraldine est lilloise **Patricia est nantaise**

QUESTION N° 6B

Reformez chaque couple en inscrivant sous chaque chiffre de la grille du bas l'initiale de la personne qui formait un couple avec elle. Puis, ci-dessous, reliez d'un trait chaque prénom à sa ville respective.

1	**Antoine**	**Bordeaux**
2	**Bernard**	**Cannes**
3	**Géraldine**	**Lille**
4	**Julie**	**Nantes**
5	**Patricia**	**Nice**
6	**Raphaël**	**Paris**
7	**Sophie**	**Strasbourg**
8	**Valentino**	**Toulouse**

1	2	3	4	5	6	7	8

QUESTION N° 7A

Mémorisez bien ces mannequins et le chiffre qui leur est attribué au-dessus, puis passez à la page suivante.

QUESTION N° 7B

Reliez chaque mannequin au chiffre qui lui était attribué.

QUESTION N° 8A

Les enfants ont chacun chassé deux insectes. Regardez attentivement ces paires d'insectes, les noms des enfants qui les ont chassés, puis passez à la page suivante.

QUESTION N° 8B

Inscrivez le numéro de chaque enfant à l'endroit où il se trouvait page précédente.

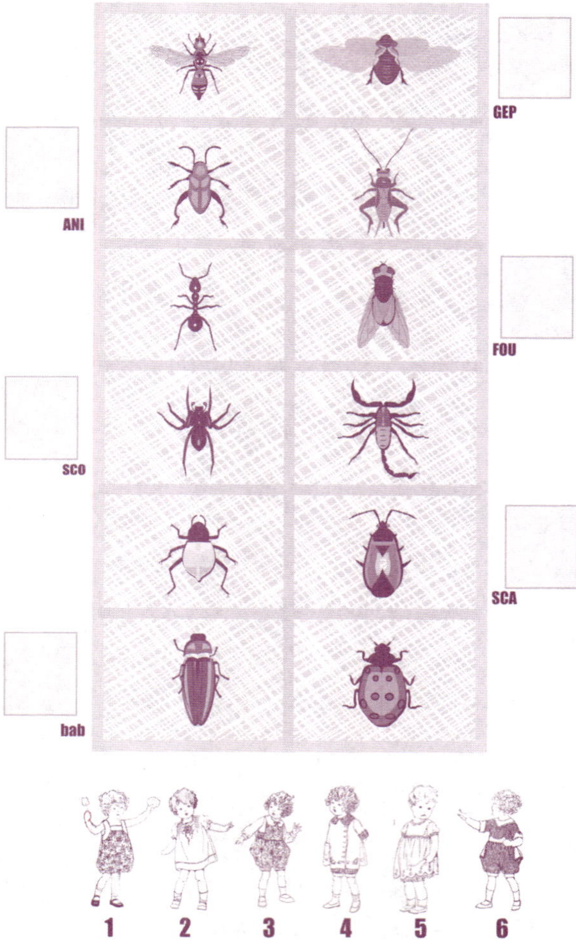

Test 4

La mémoire logique

LA MÉMOIRE LOGIQUE

DÉGAGEZ DES RAPPORTS, DÉCODEZ, RAISONNEZ.

Les exercices de raisonnement prouvent à quel point notre mémoire est dépendante de notre capacité à induire ou déduire des informations. C'est ce qu'on appelle la logique. Dans ces tests il s'agit de trouver ou de générer : un rapport, une suite, un point commun, un air de famille, entre certaines informations qui sont données, même si au premier abord elles n'en ont pas. C'est au moment où vous cherchez une solution que votre mémoire sera en alerte et que votre cerveau sera actif. Dans ce type d'exercices nous voulons démontrer les interactions entre la mémoire et l'intelligence. Ils développent ou entretiennent votre concentration, votre sens de la réflexion, et maintiennent un certain niveau d'acuité cérébrale. Faisant ainsi usage de votre sens stratégique, vous utilisez votre logique.

QUESTION N° 1A

Mémorisez bien ces portraits d'animaux, leur emplacement, leur nom, s'il y a une logique dans les noms, puis passez à la page suivante.

SAGA

COUSCOUS

LULU

COCO

OCTO

GIGI

QUESTION N° 1B

Replacez sous chaque portrait d'animal son prénom.

COCO COUSCOUS GIGI LULU OCTO SAGA

QUESTION N° 2A

Lisez attentivement cette liste de nombres, trouvez leur logique, puis passez à la page suivante.

3 - 12 - 6 - 24 - 9 - 48 - 12 - 96

QUESTION N° 2B

Remplissez par les nombres manquants les espaces remplacés par des points d'interrogation.

? - 12 - 6 - ?? - 9 - ?? - 12 - ??

QUESTION N° 3A

Regardez attentivement cette grille de symboles. Entourez le symbole qui apparaît le plus souvent, entourez celui qui apparaît le moins souvent, puis passez à la page suivante.

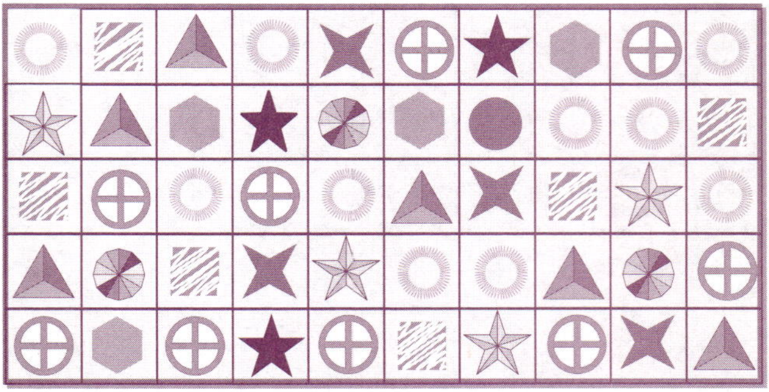

1 2 3 4 5 6 7 8 9 10

QUESTION N° 3B

Un nouveau symbole en remplace un autre, lequel ?

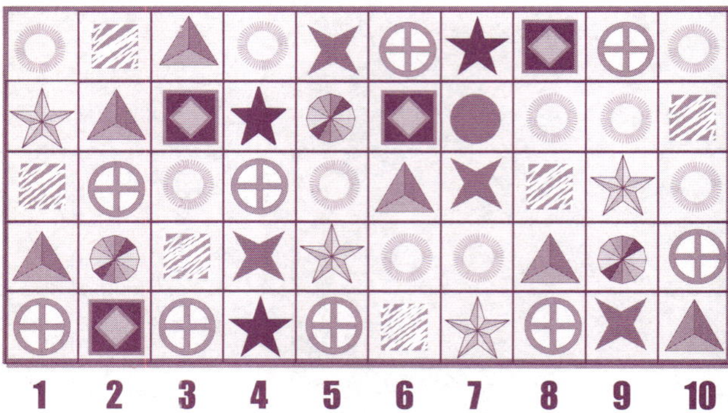

Le symbole unique est le cercle noir.
Le symbole remplacé est l'hexagone.

QUESTION N° 4A

Mémorisez bien ces quatre figures, les mots formés, leur logique, le chiffre du centre, puis passez à la page suivante.

QUESTION N° 4B

Choisissez parmi les nombres du bas ceux qui doivent figurer dans les hexagones du centre. Inscrivez la lettre qui doit (selon la même logique que celle de la page précédente) former le début d'un des trois mots ci-dessous.

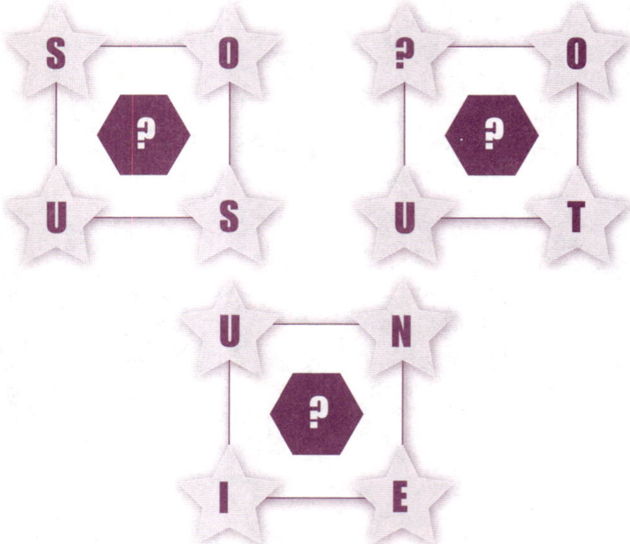

19 20 21

22 23 24

QUESTION N° 5A

Regardez attentivement ces cubes, leur logique, remplissez celui avec le point d'interrogation, puis passez à la page suivante.

QUESTION N° 5B

Entourez les deux cubes qui ne figuraient pas en page précédente, et inscrivez dans le cube en bas le nombre que vous avez inscrit à la place du point d'interrogation en page précédente.

QUESTION N° 6A

Regardez attentivement la logique qui régit ces ensembles et inscrivez les symboles qui doivent remplacer logiquement les trois points d'interrogation, puis passez à la page suivante.

QUESTION N° 6B

Remplissez les cases avec les points d'interrogation, avec les symboles situés au-dessous, tels qu'ils devaient figurer logiquement dans le dernier rectangle en page précédente.

A B C D

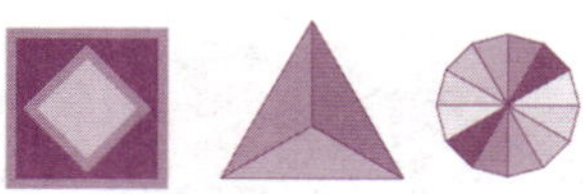

E F G

QUESTION N° 7A

Regardez attentivement ces quatre figures de 1 à 4, leurs différences, l'orientation des figures à l'intérieur des carrés. Entourez la figure A, B, ou C, qui doit logiquement continuer cette série, puis passez à la page suivante.

1

2

3
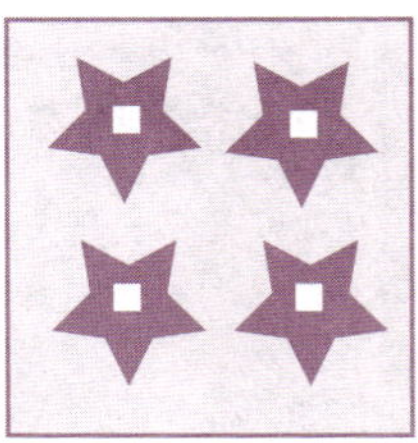

4

A

B

C

QUESTION N° 7B

Laquelle parmi ces figures se trouvait en page précédente ?

1

2

3
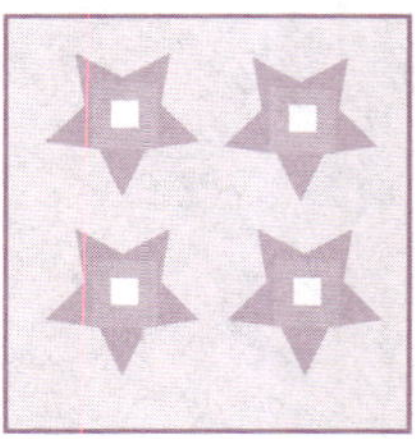

4

La réponse à la page précédente était la A. Les figures changent de sens alternativement par 2, une fois celle du haut, une fois celle du bas, etc.

QUESTION N° 8A

À l'école de Dunkerque dans la classe de 6e, on affiche toujours les huit premières élèves de la classe, celles qui reçoivent le tableau d'honneur trimestriel. Regardez attentivement leurs prénoms, s'il y a une logique dans les dispositions, puis passez à la page suivante.

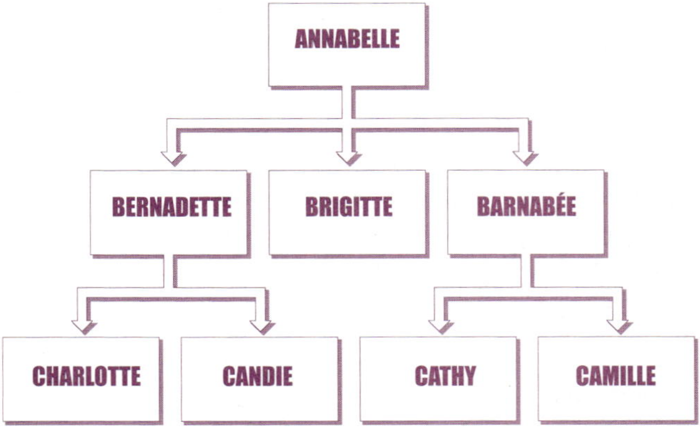

QUESTION N° 8B

Complétez les espaces vides dans le texte, puis dans le tableau d'honneur.

À l'école de ------------------ dans la classe de ---e, on affiche toujours les huit premières élèves de la classe, celles qui reçoivent le tableau d'honneur ----------------. Regardez attentivement leurs prénoms, s'il y a une logique dans les dispositions, puis passez à la page suivante.

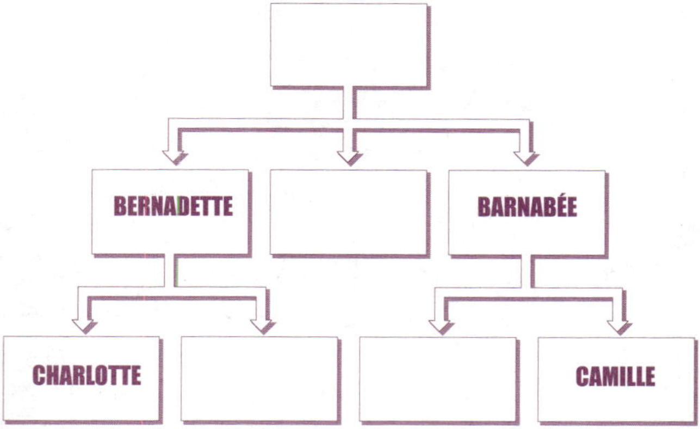

Chapitre 3

Test :

Vérifier ses progrès

QUESTION N° 1A

Regardez attentivement ces mains, leur direction, s'il s'agit d'une main droite ou gauche, puis passez à la page suivante.

QUESTION N° 1B

Quelle main ne figurait pas en page précédente ?

QUESTION N° 2A

Regardez attentivement ces quatre croix, notez l'emplacement des chiffres, leur logique, puis passez à la page suivante.

QUESTION N° 2B

Inscrivez dans les cases avec le point d'interrogation les chiffres qui s'y trouvaient.

QUESTION N° 3A

Regardez attentivement cette série de nombres, tâchez de trouver une façon de les retenir par des moyens mnémotechniques, puis passez à la page suivante.

QUESTION N° 3B

Remplissez un maximum de cases vides avec les nombres qui s'y trouvaient dans le tableau précédent.

13			52
22			99
11			44

QUESTION N° 4A

Regardez attentivement ces couples poisson-dinosaure. Notez bien leurs prénoms, cherchez des moyens mnémotechniques pour les retenir, puis passez à la page suivante.

QUESTION N° 4B

Reliez d'un trait les couples poisson-dinosaure, puis inscrivez leurs prénoms respectifs dans les cases situées au-dessous.

ALI BOS CAL DOC

ELU FOX GUS HIC

QUESTION N° 5A

Mémorisez bien ces cartes, leur disposition les unes par rapport aux autres, leur valeur, puis passez à la page suivante.

QUESTION N° 5B

Quelle était la carte retournée ?

QUESTION N° 6A

Regardez bien cette carte de France et les noms de villes qui y sont donnés, puis passez à la page suivante.

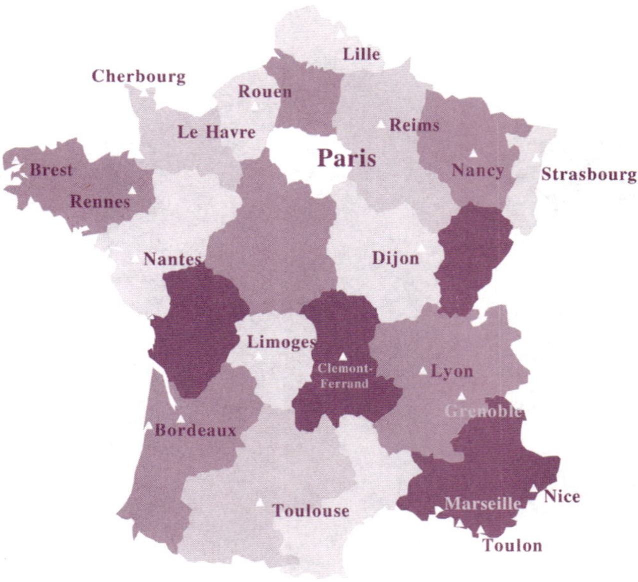

QUESTION N° 6B

Replacez les vingt et un noms de villes à leur place respective.

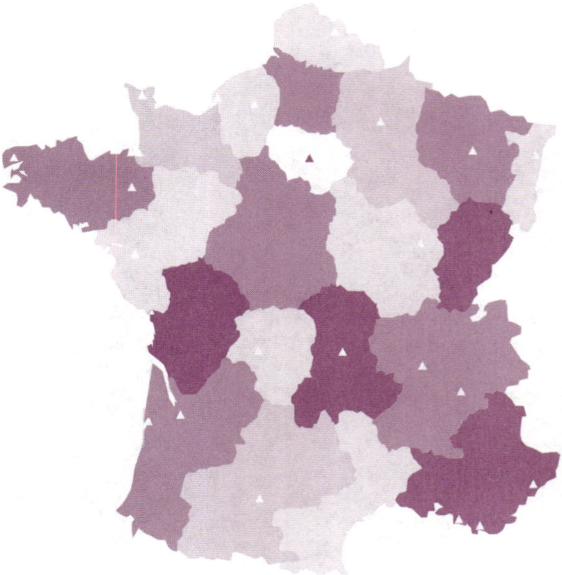

PARIS - LILLE - CHERBOURG - GRENOBLE - TOULON - NICE - LIMOGES - REIMS - ROUEN - BREST - BORDEAUX - TOULOUSE - CLERMONT-FERRAND - MARSEILLE - NANTES - RENNES - DIJON - NANCY - LE HAVRE - STRASBOURG - LYON.

QUESTION N° 7A

Mémorisez bien ces figures géométriques et le chiffre qui leur est associé, puis passez à la page suivante.

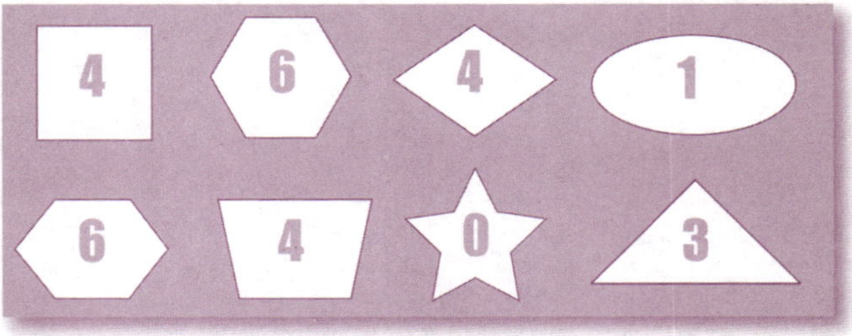

QUESTION N° 7B

Replacez les chiffres dans leur figure.

0 1 3 4 4 4 6 6

QUESTION N° 8A

Mémorisez bien ces différentes flèches, puis passez à la page suivante.

QUESTION N° 8B

Soulignez la flèche qui ne figurait pas en page précédente, puis entourez les flèches qui ont changé d'orientation.

QUESTION N° 9A

Regardez attentivement ces trois hexagones : ils comportent chacun un prénom. Remplacez les points d'interrogation par les lettres qui doivent figurer logiquement, puis passez à la page suivante.

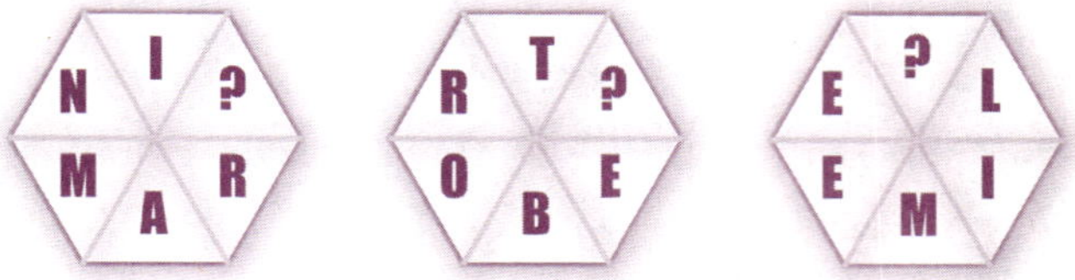

QUESTION N° 9B

Parmi les six propositions suivantes, laquelle est formée par les trois lettres qui manquaient ?

ERE - TAR - SIC - ART - TRI - SEC

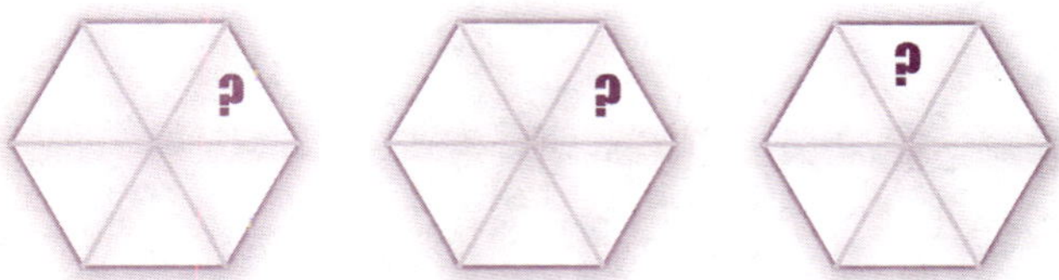

QUESTION N° 10A

Regardez attentivement ces différents souliers anciens, prenez votre temps, puis passez à la page suivante.

QUESTION N° 10B

Quel soulier a changé de sens ?
Quel est celui qui a été ajouté ?

QUESTION N° 11A

Regardez attentivement ces trois jeux, notez bien leur disposition, leurs valeurs, les nombres, les totaux, tout ce que vous pouvez enregistrer, puis passez à la page suivante.

QUESTION N° 11B

Répondez à la question en face de chaque jeu.

Quelles étaient les deux cartes retournées ?

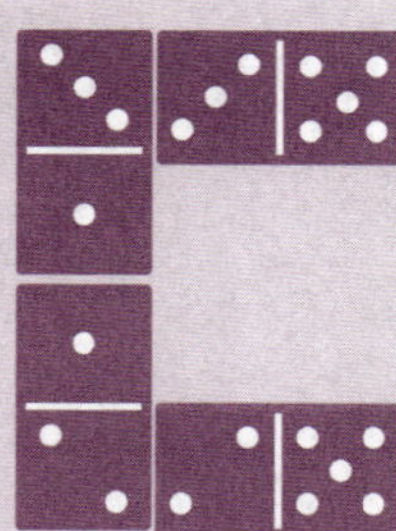

Quel domino a changé de valeur ?

Une face de l'un de ces dés a changé de valeur : laquelle ?

QUESTION N° 12A

Regardez attentivement ces quatre croix, notez l'emplacement des chiffres, leur logique, puis passez à la page suivante.

QUESTION N° 12B

Un chiffre apparaissait dans toutes les croix : lequel ?
Combien de fois apparaissait le chiffre 1 ?
Remplissez les cases vides avec les chiffres qui s'y trouvaient page précédente.

QUESTION N° 13A

Formez trois mots en remplaçant chaque symbole par la lettre à laquelle il correspond, puis passez à la page suivante.

QUESTION N° 13B

En reformant les mots ci-dessous en remplaçant les lettres désignées par leur symbole, vous trouverez un mot qui a changé : lequel ?

Tracas à la place de traces.

QUESTION N° 14A

Mémorisez bien ces cartes, leur disposition les unes par rapport aux autres, leur valeur, puis passez à la page suivante.

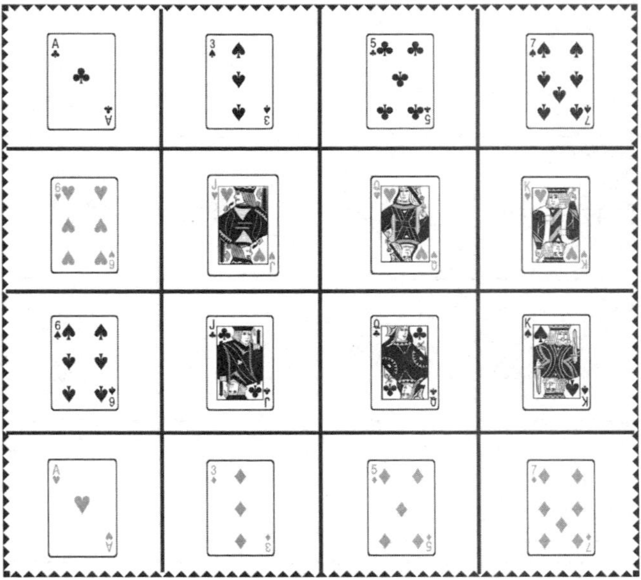

QUESTION N° 14B

Une paire de cartes n'était pas dans la grille précédente, entourez-la.
Deux paires ont été interverties, soulignez-les.

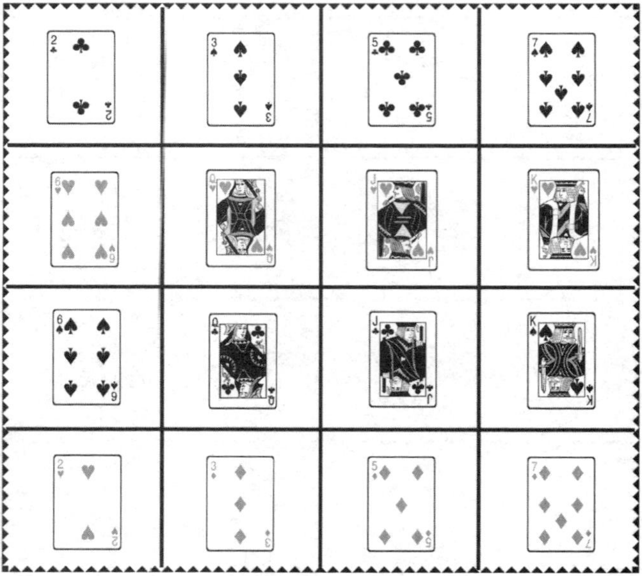

QUESTION N° 15A

Lisez attentivement ce proverbe, puis passez à la page suivante.

J'étais furieux de n'avoir pas de souliers.
Alors j'ai rencontré un homme
qui n'avait pas de pieds,
et je me suis trouvé
content de mon sort.

QUESTION N° 15B

Entourez les quatre mots qui ne figuraient pas dans le proverbe précédent.

avais
furieux
croisé
pieds
chaussures
heureux
sort

QUESTION N° 16A

Regardez attentivement les figures ci-dessous, leur logique, choisissez parmi les propositions A, B, C, D celle qui remplace la figure avec le point d'interrogation, puis passez à la page suivante.

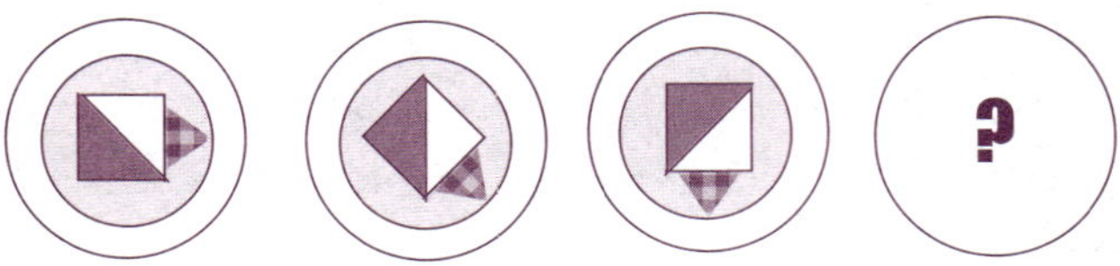

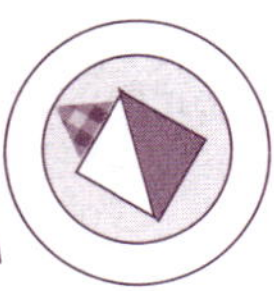
A

B

C

D

QUESTION N° 16B

Quelle figure A, B, C ou D ne figurait pas dans les propositions de la page précédente ?

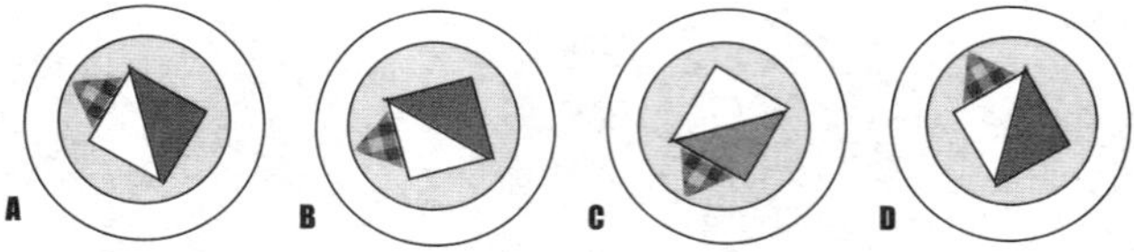

C, la figure du haut tourne sur elle-même de 45°, dans le sens des aiguilles d'une montre.

QUESTION N° 17A

Mémorisez cette grille de lettres, trouvez un moyen mnémotechnique de la retenir, puis passez à la page suivante.

H				
O	G			
N	F	M		
E	L	D	K	
C	J	B	I	A

QUESTION N° 17B

Replacez les lettres telles qu'elles étaient à la page précédente.

QUESTION N° 18A

Regardez attentivement ces quatre villes américaines, puis passez à la page suivante.

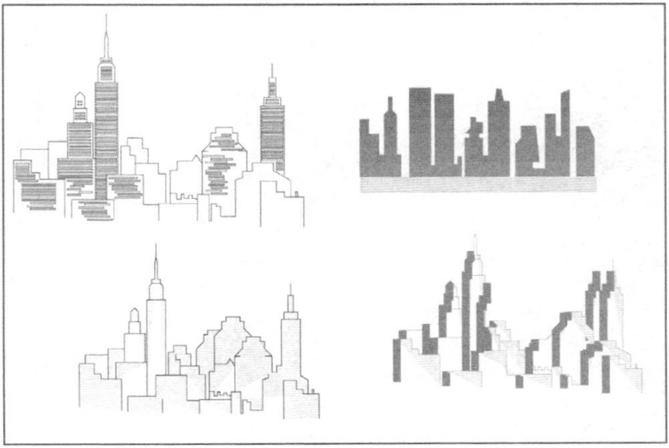

QUESTION N° 18B

Une de ces villes ne figurait pas en page précédente, laquelle ?

QUESTION N° 19A

Regardez très attentivement ces figures, leurs différences, puis passez à la page suivante.

A 

B 

C 

D 

QUESTION N° 19B

Quelle est la figure qui n'était pas en page précédente ?

A

B

C

D

QUESTION N° 20A

Regardez très attentivement la liste de mots et leurs synonymes, puis passez à la page suivante.

natte	tresse
chance	aubaine
butin	prise
aride	désert
arrêt	étape
déclin	déchéance
épineux	délicat
leader	meneur

QUESTION N° 20B

Replacez les mots absents.

--------	tresse
chance	----------
butin	prise
---------	désert
arrêt	-----------
déclin	-----------
-----------	délicat
----------	meneur

QUESTION N° 21A

Cochez les affirmations qui vous paraissent exactes.

Antoinette est au-dessus d'Hortense.
Henry est plus à droite que Louis.
Charlotte n'est pas dans la rangée au-dessus de celle de Louis.
Hortense se situe entre Louis et Henry.
Barthélemy est juste à la gauche d'Antoinette et à la droite de Charlotte.
Qui est situé sous Antoinette et à gauche d'Henry, mais pas au milieu ?

QUESTION N° 21B

Redonnez à chaque couronne le nom de son propriétaire.

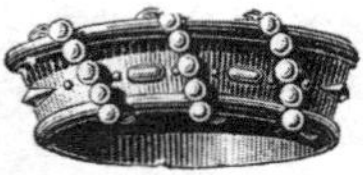

ANTOINETTE
BARTHÉLEMY
CHARLOTTE
HENRY
HORTENSE
LOUIS

QUESTION N° 22A

Regardez pendant une minute ce dessin, puis passez à la page suivante.

QUESTION N° 22B

Quel est, parmi ces trois dessins, celui qui figurait en page précédente ?

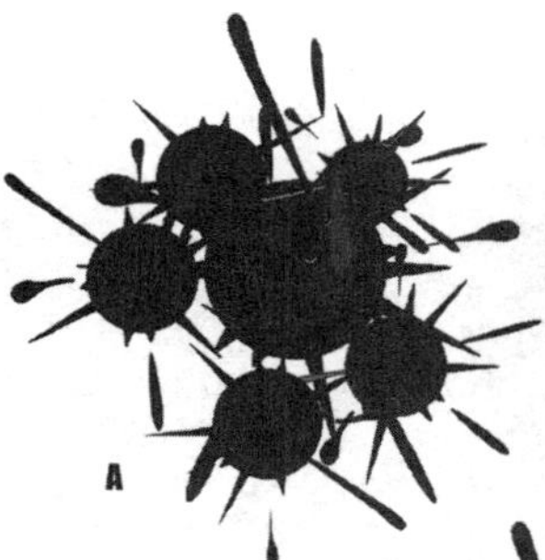

A

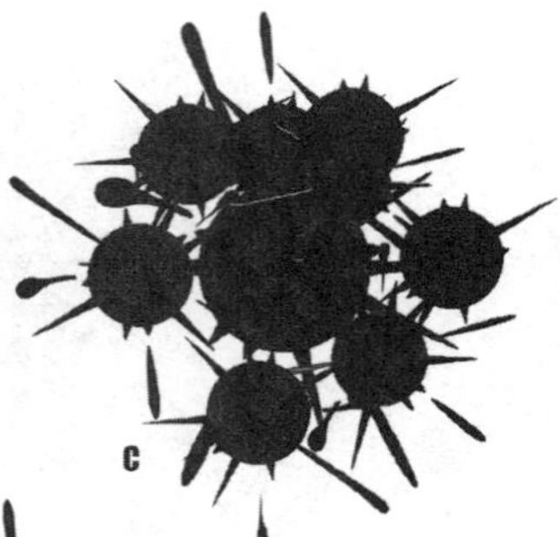

C

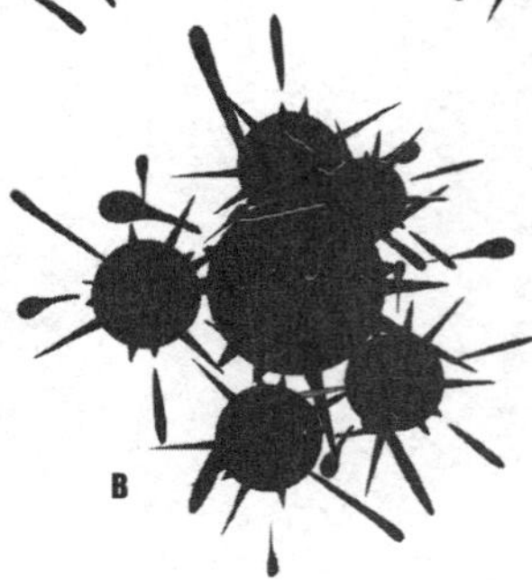

B

QUESTION N° 23A

Visualisez bien ces cartes, puis passez à la page suivante.

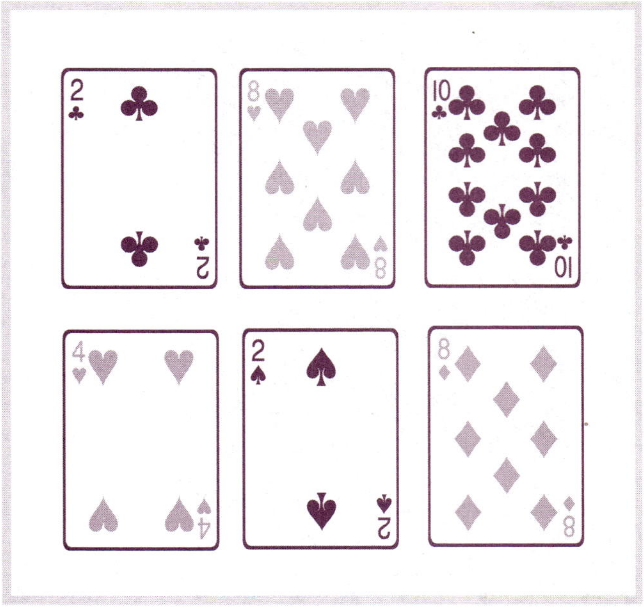

QUESTION N° 23B

Replacez les cartes telles qu'elles figuraient en page précédente.

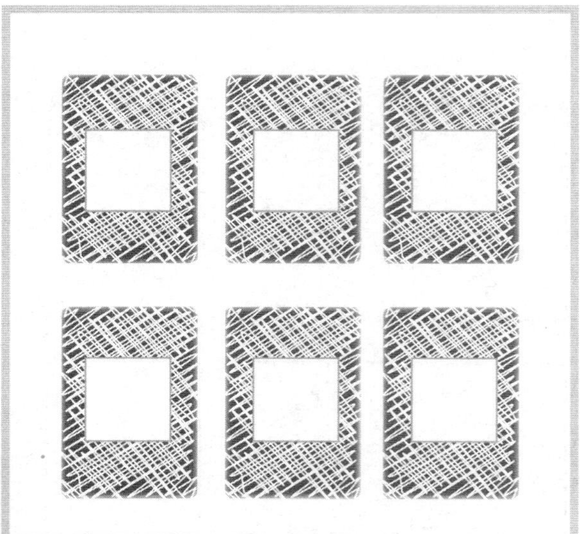

QUESTION N° 24A

Dans la grande famille bourguignonne du duc et de la duchesse Rodolphe de Brondbourg, nous suivons l'arbre généalogique de leur fils unique Gérard. Ce dernier n'a pas souhaité mentionner le nom de son épouse puisqu'il s'en est séparé très rapidement. Étudiez bien cette famille, puis répondez aux questions.

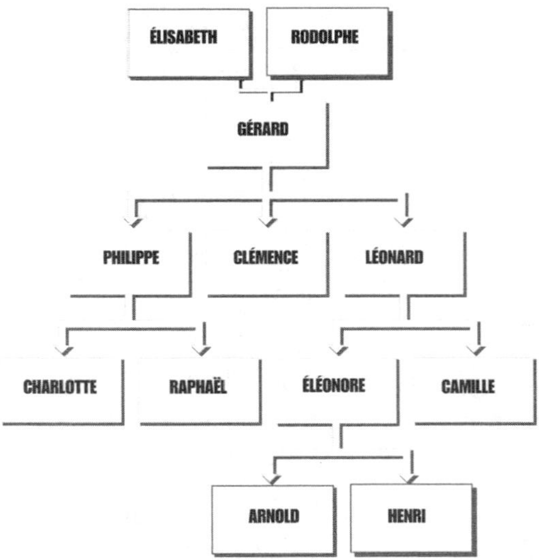

Qui est Arnold par rapport à Élisabeth ?
Philippe a-t-il une petite fille ?
Henri a-t-il un lien de parenté avec Clémence ?
Quel est le prénom du grand-père de Raphaël ?
Quel est le degré de parenté de Rodolphe par rapport à Henri ?

QUESTION N° 24B

Répondez aux questions ci-dessous.
1- Remplacez les initiales par les vrais noms.
2- Y a-t-il un Honoré dans les prénoms ?
3- De qui Léonard est-il le frère ?
4- Quel est le prénom de l'arrière-grand-mère d'Éléonore ?

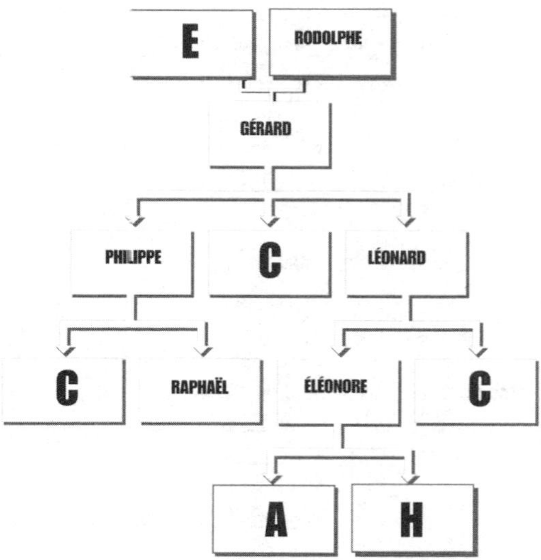

Réponse aux questions de la page précédente :
- Arrière-arrière-petit-fils.
- Non.
- Neveu.
- Gérard.
- Arrière-arrière-grand-père.

QUESTION N° 25A

Mémorisez bien ces deux personnages, quelle est leur amie respective, puis passez à la page suivante.

QUESTION N° 25B

Inscrivez le prénom des hommes, celui de leur amie respective, puis reliez d'un trait devant chacun le symbole qui lui était attribué.

QUESTION N° 26A

Mémorisez bien cet extrait de Le Clézio, puis passez à la page suivante.

Pour moi cette toile cirée était le décor principal de ma vie. Elle avait pour décor des motifs dont je ne sais s'ils représentaient des fleurs, des nuages ou des feuilles, peut-être tout cela à la fois. Ma grand-mère y préparait avec ma mère les repas, hachant les légumes et les bouts de viande, épluchant carottes et patates, navets, topinambours.

QUESTION N° 26B

Complétez les espaces vides.

Pour moi cette toile ----- était le décor principal de ma vie. Elle avait pour décor des ------- dont je ne sais s'ils représentaient des ------, des nuages ou des ------, peut-être tout cela à la fois. Ma grand-mère y préparait avec ma ---- les repas, hachant les légumes et les bouts de viande, épluchant ------- et patates, -------, topinambours.

QUESTION N° 27A

Mémorisez bien ces huit mots, puis passez à la page suivante.

A V A L	L A I D
B E A U	U R N E
C O U R	R A I L
D R A P	P L O T

QUESTION N° 27B

Quel est le mot qui n'a pas changé dans la deuxième colonne ?

A V A L	L A M E
B E A U	U N I E
C O U R	R A I L
D R A P	P R I X

Vérifier ses progrès : Résultats

RÉSULTATS

Comptez 2 points par réponse exacte. S'il y a plusieurs réponses à donner sur un test, comptez 2 points par réponse exacte. Faites le total de vos points pour l'ensemble du test « Vérifier ses progrès » et reportez-vous au tableau ci-après.

De 10 à 80 points : NIVEAU FAIBLE

Il est hélas clair que vous n'êtes pas encore familiarisé avec ce genre de tests ou que votre mémoire vous fait défaut dans certains secteurs. N'oubliez jamais de vous forger des moyens mnémotechniques bien à vous, pour faciliter votre démarche. Il est important de tenir compte de ces résultats pour vous prendre en charge dès maintenant, et de solliciter votre mémoire le plus souvent possible.

De 80 à 100 points : NIVEAU ASSEZ BON

Vous êtes dans la catégorie des assez bons, vous semblez vous adapter aux entraînements alors en insistant sur les formes de mémoire qui vous paraissent les plus faciles, vous devriez pouvoir vous améliorer encore. Efforcez-vous de bien travailler sur les méthodes mnémotechniques que vous avez développées. N'oubliez pas que la mémoire c'est comme un muscle, plus vous la ferez fonctionner, plus vous l'améliorerez. Continuez à vous entraîner avec les exercices proposés dans la conclusion du livre et en prenant ces exercices comme un jeu.

Plus de 100 points : TRÈS BON NIVEAU

Bravo ! Vous avez réussi ces tests qui étaient plus difficiles et couvraient plusieurs formes de mémoire. Soit vous vous êtes amélioré par rapport au test du début, et c'est formidable, cela veut dire qu'il faut continuer les exercices, soit vous êtes resté dans cette excellente moyenne, parce que votre mémoire ne vous joue aucun tour et vous reste fidèle. Vous pouvez vous amuser à refaire ces tests à intervalles espacés et régulièrement, afin de rester le plus longtemps possible dans cette excellente forme de mémoire.

Conclusion

Nous arrivons ensemble au terme de cet ouvrage qui vous aura, je l'espère, fait progresser en vous amusant, ou tout au moins qui vous aura fait découvrir que vous pouviez améliorer votre mémoire si vous la sollicitiez, et que vous avez là un vrai capital à entretenir et à développer dans la mesure de vos capacités. Vous aurez appris à vous connaître, à savoir si vous êtes plus doué pour une mémoire visuelle, pour une mémoire sémantique ou autre, à développer les secteurs dans lesquels vous êtes le plus à l'aise. Vous aurez compris que vous n'êtes pas obligé(e) d'être d'un bon niveau dans toutes les formes de mémoire, une seule suffit à vous faire progresser.

Nous avons essayé de vous faire comprendre qu'une bonne santé physique et intellectuelle est importante pour conserver votre patrimoine génétique d'une façon optimale.

Il existe quelques méthodes simples, que je vous conseille ici, pour développer votre mémoire au quotidien, puisqu'il est important de la faire fonctionner le plus souvent possible.

Essayez de faire chaque jour ce petit test : tout d'abord, achetez un petit carnet, ou cahier, que vous pourrez intituler « EXERCICES DE MÉMOIRE ».

Essayez de vous souvenir de ce que vous avez fait la veille dans les moindres détails. Écrivez sur ce carnet le plus d'informations retenues. N'y passez pas plus de dix minutes chaque jour. L'intérêt d'un tel exercice est d'entraîner votre mémoire à restituer par enchaînements et associations tout ce qu'elle a emmagasiné. Ne craignez pas d'encombrer votre mémoire. D'une part, elle fera le ménage toute seule et, d'autre part, ses capacités sont sans limites. Mieux, plus vous solliciterez votre mémoire pour restituer des souvenirs, plus elle augmentera ses performances dans ce domaine. En faisant cet exercice régulièrement, vous obligerez votre mémoire à ressortir spontanément des informations pas nécessairement utiles.
Si vous sortez entre amis, essayez de bien étudier tout dans les moindres détails, ce qu'ils portent comme vêtements, le lieu où vous avez passé la soirée, où vous vous retrouvez ensemble. Le temps qu'il fait, l'heure d'arrivée, du départ. Le chemin que vous avez pris, etc.
Le lendemain, consignez dans votre petit carnet le maximum d'informations stockées.
Vous verrez, au début vous remplirez quelques lignes de souvenirs, mais plus vous ferez cet exercice et plus vos pages seront remplies pour chaque jour.

Donnez-vous des moyens mnémotechniques pour apprendre.
Voici un exemple de méthode mnémotechnique pour retenir ce numéro.

01 45 22 00 77

Au départ il vous paraît difficile à retenir, on va essayer de trouver des moyens faciles.

Pour le 01, c'est le numéro d'identification téléphonique de Paris.
Pour le 45, cela peut être la date d'anniversaire de quelqu'un que vous connaissez ou son âge, ou le numéro de la rue d'une amie, etc., trouvez une association personne-nombre, puis essayez de mémoriser son visage, enfin associez-le mentalement au 45.
Pour le 22, associez-le à la blague « 22 v'là les flics ».
Pour le 00, c'est le plus facile à retenir.
Pour le 77, transformez-le en lettres, c'est deux fois la lettre G. (Place de cette lettre dans l'alphabet.) G que vous pouvez associer à Grand. Essayez de toujours substituer vos deux derniers chiffres à des lettres, pour plus de facilité.
Lorsque vous chercherez ce numéro de téléphone, vous aurez mentalement le chiffre correspondant à l'indicatif de Paris, l'image de la personne à qui vous avez associé ce numéro, la blague, les chiffres 00, puis la lettre qui se substitue à deux chiffres, etc.
Il vous sera alors facile de reconstituer dans l'ordre ce numéro.
Lorsque vous en apprendrez d'autres, utilisez les mêmes moyens mnémotechniques afin que cela devienne un automatisme. Ce moyen proposé n'est qu'un exemple, évidemment vous pouvez vous en créer d'autres qui vous conviendront mieux. Le plus important est de trouver des automatismes pour apprendre plus facilement.
Partant du principe que l'on peut entraîner sa mémoire, et donc l'utiliser au maximum de ses capacités, il faudra essayer de ne jamais la laisser s'endormir, voire de jouer avec elle. Exercez-vous quotidiennement à trouver vous-même des méthodes amusantes pour retenir un maximum d'informations, même si elles ne sont pas utiles.

QUELQUES PETITS TRUCS PRATIQUES ET AMUSANTS POUR ENTRAÎNER VOTRE MÉMOIRE AU QUOTIDIEN

Voici quelques idées d'exercices que vous pouvez exécuter régulièrement chez vous. Ils vous aideront à progresser sans vous donner trop de mal et tout en vous amusant. Rien ne vous empêche de trouver de nouvelles façons bien à vous de vous entraîner en vous amusant.

Les cartes

Prenez un jeu de cartes.
Choisissez au hasard 6 cartes.
Disposez-les trois par trois sur une table, face dessus.
Posez à côté le reste du paquet.
Regardez attentivement ces cartes, puis mélangez-les.
Essayez de les replacer telles qu'elles étaient au départ.
Pour compliquer un peu, reprenez vos cartes, posez-les sur le tas, puis essayez d'écrire sur votre carnet quelles étaient les cartes que vous aviez sélectionnées.
Vous pouvez vous exercer avec de plus en plus de cartes pour progresser, si vous sentez que cela ne vous pose pas de problème.

Les photos de famille

Faites exactement la même chose avec des photos.

Dessins géométriques

Sur votre carnet, dessinez une forme géométrique dans un cadre. Ajoutez-y quelques lignes, puis sur une autre page, redessinez votre forme. Compliquez de plus en plus vos dessins.

Le numéro de téléphone

Inscrivez sur votre carnet un numéro de téléphone que vous inventez.

Regardez-le attentivement, trouvez des moyens mnémotechniques pour vous en souvenir en utilisant les mêmes que ceux que vous avez créés dans ce livre précédemment, puis sur une autre page, écrivez correctement ce numéro.

La liste des courses

Lorsque vous partez faire des courses alimentaires pour la maison, écrivez une liste de choses à acheter. Dans le magasin, essayez de ne pas vous en servir tout de suite, et de vous rappeler le plus possible ce que vous avez écrit. En rentrant chez vous, prenez votre carnet puis écrivez à nouveau votre liste, et si vous le pouvez dans le bon ordre.

Une recette de cuisine

Cherchez dans un livre de cuisine, une recette simple que vous aimeriez cuisiner un jour.

Inscrivez dans votre carnet la liste des ingrédients, les quantités. Regardez-la en faisant très attention, en essayant de visualiser chaque ingrédient, puis page suivante, essayez de retrouver tous les ingrédients et le poids nécessaire. Évidemment il ne s'agit pas de s'exercer avec la recette des œufs à la coque, mais de quelque chose d'un peu plus compliqué.

Composition réalisée par Nord Compo

Achevé d'imprimer en février 2012, en France sur Presse Offset par
Maury-Imprimeur – 45330 Malesherbes
N° d'imprimeur : 170346
Dépôt légal 1re publication : février 2009
Édition 02 – février 2012
LIBRAIRIE GÉNÉRALE FRANÇAISE – 31, rue de Fleurus – 75278 Paris Cedex 06

30/8502/4